石榴籽甜

中国少数民族特色村寨图集
（四川篇）

四川省民族宗教事务委员会 编

四川科学技术出版社
·成都·

图书在版编目（CIP）数据

石榴籽甜：中国少数民族特色村寨图集．四川篇 /
四川省民族宗教事务委员会编．-- 成都：四川科学技术
出版社，2022.2
ISBN 978-7-5727-0473-4

Ⅰ．①石… Ⅱ．①四… Ⅲ．①少数民族－村落－四川
－图集 Ⅳ．① K928.5-64

中国版本图书馆 CIP 数据核字（2022）第 028812 号

石榴籽甜 中国少数民族特色村寨图集（四川篇）

SHILIUZI TIAN
ZHONGGUO SHAOSHU MINZU TESE CUNZHAI TUJI (SICHUAN PIAN)

四川省民族宗教事务委员会 编

出 品 人	程佳月
责任编辑	张浥浥
助理编辑	吴 文
特邀编辑	何兴曜 廖雪洁 杨成凯
封面摄影	王 军
封底摄影	刘学懿
装帧设计	陈 琦
责任印制	欧晓春
出版发行	四川科学技术出版社
承 制	四川画报社
地 址	四川省成都市青羊区槐树街 2 号
成品尺寸	185mmx260mm
印 张	12.5
字 数	250 千
制版印刷	成都鑫艺高印务有限公司
版 次	2022 年 3 月第 1 版
印 次	2022 年 3 月第 1 次印刷
书 号	978-7-5727-0473-4
定 价	168.00 元

前　言

　　少数民族特色村寨是指少数民族人口相对聚居且比例较高，生产生活功能较为完备，少数民族文化特征及其聚落特征明显的自然村或行政村。它们是少数民族群众生产生活的主要场所，是各民族群众生存智慧、审美心理的集中体现，是各民族交流交往交融的历史见证，是展现与体验多元民族文化的窗口，更是铸牢中华民族共同体意识的重要载体。

　　近年来，四川省民族宗教事务委员会创新实施民族团结进步示范工程，以铸牢中华民族共同体意识为主线，坚持赋予所有改革发展以彰显中华民族共同体意识的意义，以维护统一、反对分裂的意义，以改善民生、凝聚人心的意义，把少数民族特色村寨作为民族工作的重要单元，推动民族团结进步创建与脱贫攻坚、乡村振兴、基层治理、生态保护等紧密结合，有力夯实促进共同富裕、实现长治久安的基础。截至 2021 年 12 月，四川省共有 124 个被国家民族事务委员会（以下简称"国家民委"）命名的"中国少数民族特色村寨"，在巩固拓展脱贫攻坚成果与乡村振兴有效衔接、促进各民族交往交流交融、构筑中华民族共有精神家园等方面发挥了积极作用。

　　为进一步引领示范、推广经验，深化少数民族特色村寨保护与发展，四川省民族宗教事务委员会将《民族》杂志"走进特色村寨　感受美丽乡情"专栏中一批民居特色突出、产业支撑有力、民族文化浓郁、人居环境优美、民族关系和谐的特色村寨汇编成册，集中展示四川省铸牢中华民族共同体意识的最新成果，为持续促进各民族交往交流交融、不断巩固民族团结的良好局面、努力推动各民族共同走向社会主义现代化提供了路径探索。

目录

彝家新寨安置区白庙村（郑云 摄）

克格依、基卡依

十八年间的变与不变

撰文、摄影／邓平模

  克格依村与基卡依村紧邻，位于甘孜藏族自治州丹巴县墨尔多山镇中路片区的核心区。从小金川河谷南岸到最高处的日巴龙神山脚下，中路的长条状台地上渐次分布着克格依、基卡依、呷仁依、波色龙和罕额依等村落。从高处的3号观景台俯瞰，村寨民居星罗棋布、风格协调，和谐交融成中路片区田园优美、民居独特、高碉雄壮、人文丰富的景观长卷。

  2002年、2008年，我曾两次来到克格依村和基卡依村。2019年，克格依村、基卡依村被国家民委命名为"中国少数民族特色村寨"。带着熟悉的记忆，2020年5月我再次到访中路，又一次看到了村子风景的季节变换和地名、产业之"变"，还有特色传统文化和民风民俗的"不变"。

丹巴中路全景

基卡依村，古碉不变，但民居和村容更加整洁美观了

盛装的村民

劳作的村民

季节变换

2002年春节刚过，我第一次来到丹巴，来到中路。冬日的丹巴艳阳高照，晴朗的中午比成都还暖和，柳枝抽芽，已显露出春的生机。

我从小金川河边的省道路口步行上山去克格依村。走这条路进村的人不少，土都被踩松了，适逢旱季，山路上尘土飞扬，每走一步脚下就会荡起一团尘云，走不了几步，裤腿就变成了土色。丹巴的云母矿丰富，路边随处可见这种软脆的页岩，它们碎化而成的尘土，在阳光下泛着星星点点的荧光。

前半程少有人家，乌鸦的哇哇声与狗的汪汪叫相呼应，山谷更显萧索宁静。翻过一个坡后，眼前豁然开朗：这是半山腰一块开阔悠长的台地，田野片片，藏族民居密集，有乡政府、学校、商店，房舍间不时冒出一根根黑褐色的高耸碉柱——中路到了。

克格依村和基卡依村位居中路最肥沃平坦之处。深冬时节，草木凋零，寒山瘦水，大地仿佛一张单色照片，裸露出最真实的容颜。于是，当地最富特色的藏族民居建筑便从地表凸显出来，让民居群更富层次和美感，高碉更显挺拔，寻访的路径也更加清晰。

2008年10月，我重游中路。秋阳灿烂，

山林繁茂，庄稼丰收，一派喜悦。一些民居的晒台上堆满了金黄的玉米，屋檐下挂着艳红的辣椒。收割完的玉米地里，被砍下的玉米秆堆成了一个个锥形。一些人家还在忙着收割，而刚收割完的土地上，已经有男子在牵牛耕地、妇女在挥锄播种了。

秋天是收获的季节，清甜多汁的雪梨已经过季，却有机会品尝雪梨膏；核桃已经采摘下来了，在家家户户都能吃到；苹果还挂在树上，硕果累累，看着就让人高兴；夏天采摘晾干的山中野菌，煲出的汤醇香又养生。

2020年5月，我再访中路。暮春时节，春天的新绿即将轮转为夏天的碧绿，草木丰茂，槐花将谢，樱桃红熟，玉米苗壮，空气中有着恰到好处的润泽与清凉。

夜宿村子高处的民宿，背靠山林，前望村庄和墨尔多神山，夜晚静谧得只剩天籁，人被彻底交还给了自然。次日清晨我被鸟声叫醒，撩开窗帘，只见一只身形漂亮的喜鹊在院子的石桌上轻盈跳跃、鸣叫，似在报喜。

喜鹊低飞着在前面带路，我随它走出院子，来到一侧的坡边，俯瞰整个山谷。近处有一高碉，下面是晨曦中的村寨；远处是高耸的墨尔多神山，一带流云之上露出金字塔状的山尖。大概因为背靠山林，这里的鸟儿特别多，在古碉顶上、近处

的树梢上都停了很多。百鸟争鸣中，斑鸠的叫声一浪接一浪，喜鹊、布谷鸟的叫声浮在这样的背景音乐上，充满层次感。

春日清晨大山中的鸟鸣有一种别样的空灵。此情此景，既有昨日历史和人文的厚重，又有今天生活和自然的灵动，实在是迷人。

地名之变

2002 年，中路乡政府驻地就在克格依村。我三访中路，克格依村和基卡依村的名字没变，但所属的乡镇，却从中路乡到东女谷乡，再变成了如今的墨尔多山镇。地名的演变，反映了两村所属的中路区域的多重历史和文化内涵。

中路是藏语译音，意为"人神向往之地"。这里背倚日巴龙神山，前望墨尔多神山。早在新石器时代，就有人类在此生活。

克格依村与罕额依村的相邻处有一处全国重点文物保护单位——中路乡新石器时代文化遗址和石棺墓葬群，遗址已经回填，只有个别石棺墓葬依然悬在土丘边上。据了解，20 世纪 80 年代初期，四川省文物考古研究所就发现了这些遗迹，并从中发掘出大量石器、骨器、陶器以及装饰品，包括磨制的石斧、石刀、石锄、石锤、锛、凿、刀、杵、璧、网坠、刮削器、砍砸器等。类似的石棺遍布在中路和梭坡的高山之间，多由大型片石垒砌而成，非常坚固，可见当地人使用石砌技术历史悠久，而屹立至今的碉楼则是这一技术的炉火纯青之作。

2005 年，中路乡更名为东女谷乡，中路这一称呼虽从行政区划中消失，却成为当地人们更为熟悉的口头地名。东女谷，顾名思义，即东女国所在的山谷。据隋唐史籍记载，从南北朝至唐朝时期，青藏高原上有两个女性占主导地位的王国，即西部的西女国和东部的东女国。专家据《旧唐书·东女国传》的记载推断，东女国的中心很可能就在今天丹巴、道孚一带（据

在樱桃树下梳妆

精品民宿酒店

克格依村的老支书格绒吾杰说，专家们在中路和梭坡之间的高山上发现了东女国遗址，有城墙和碉房遗迹）。丹巴人将墨尔多神山周围千里之地的部族称为嘉莫查瓦绒，意为"女王的河谷"，也就是东女国的山谷。将中路更名为东女谷乡，确也名正言顺。今天，中路的不少家庭还是女性当家，似是这一母系社会传统的延续。

2020 年，在撤乡并镇工作中东女谷乡被撤除，包括克格依村和基卡依村在内的中路片区并入墨尔多山镇。的确，走在中路台地上的任何位置，抬头几乎都可以望见墨尔多神山那棱角分明的山尖。墨尔多山主峰海拔 5 105 米，山势峻拔，有 108 处胜景，据说其北面是藏族地区八大神山的缩影和深不可测的高山海子，东面有数十座造型逼真的天然石碉群，西面是神奇的神仙洞和自生塔。

精品民宿酒店

产业之变

克格依村和基卡依村离县城不远，303省道（今350国道）从河谷底部经过，从河谷上山需经过路窄弯多的乡道。2002年我第一次去时，县城到中路没有班车，出租车只把我送到省道边的岔路口，进村路还是尘土飞扬的土路，路况很差。自行车是当地重要的交通工具，在这样的山区骑车，下去容易上来难。我在山道上碰到一个回村的村民，他将自行车从河谷沿小径扛上坡。那时已经开始有背包客进村旅游，几户有商业眼光的村民开始涉足旅游接待。

克格依村的桑丹老师家就走在了前头，他是县上的旅游接待示范户，我当时就住在他家。当地民居各有其名，桑丹老师家的房子叫"东坡"，他家的客栈就叫"东坡藏家"。桑丹老师曾是丹巴县文化馆馆长、唐卡画师，木工活也做得好。他家的碉房是村里最古老的一座，有五层高，分畜圈、锅庄、木楞柱粮仓、经堂，还有圆木楼梯、白黑红三色外墙、屋顶供奉的白石……设施一应俱全，是最典型的丹巴民居。他利用现成的几间空房，添置了些藏床，铺上花花绿绿、乡土气息十足的被子，就成为客房了，当时包吃住每人每天45元。

桑丹老师显然预见到了当地旅游的良好势头。他家小院里堆满了木料，工匠们正在忙活，要将老碉房旁的平房扩建成三层楼房，一楼做厨房和饭厅，二三楼做客房，以扩大接待量。

2008年我再去时，平坦的柏油公路直通桑丹老师家。桑丹老师的"东坡藏家"增添了两座新楼，客房也升级成了普通标准间，成为中路最大、人气最旺的民居接待点，是背包客、摄影师和美术专业师生们的汇聚之地，还有电视剧在那里拍摄。

2020年我去时，入户道路更是通达各家各户。当地人介绍，桑丹老师家的房子已经以不错的价格整包给了知名连锁民宿机构，原有的72间客房改装成了15间客房，修建了露天恒温游泳池，走上了高端民宿发展路线。

民宿的发展和巨变，是18年间克格依村和基卡依村旅游产业迅速发展的一个缩影。走在村中，不少家庭正趁着2020年疫情的淡季装修升级，蓄势以待。据墨尔多山镇党委副书记董峰说，丹巴的各个景点特色鲜明，比如甲居是最美乡村，梭坡古碉林立，邛山有官寨和美人，但中路的定位和识别度不太明确。现在，当地将精品民宿作为中路乡村旅游的一张名片来打造。据介绍，中路拥有从一两百元到一两千元价格不等的各类民宿，其规格和发展水平均高于丹巴其他乡村。

古碉洞天

古碉是丹巴旅游的标志性符号。2002年，我曾经深入中路一户人家居住的四角碉参观。从民居三楼露台上方的入口爬上去，往上看，一层层铺着竹笆，各层间有藏式圆木楼梯相连，可以直通顶上；往下则是起居室和库房，有水槽、粮仓、灶台、睡觉用的平台。丹巴碉楼大多是这样的格局。

此次去中路，我有幸在老支书格绒吾杰的引领下去参观了另一种独特的古碉——经堂碉。丹巴古碉群是全国重点文物保护单位，境内现存各类石碉562座，要隘碉、烽火碉、寨碉、家碉众多，但经堂碉则十分稀有。

经堂碉在克格依村东面的萨拉科寺背后，

据格绒吾杰说，这里过去叫道士庙，堆放着《大藏经》等经书，现在为了保护里面精美的壁画已基本关闭。

碉房的二楼是一间方形的空屋子，借助手机的微光，四壁的佛、菩萨、护法、神兽等形象从黑暗中显现出来，造型优美，绘制精细，线条流畅，连佛像的微笑和眼神都清晰生动，经历时光的沉淀依然色彩鲜明，令人惊叹。

关于壁画的年代有两种说法。2005年，来此考察的故宫博物院和四川省文物考古研究院联合考察队认为它是属于明代的上品佳作。2011年，中国著名佛教考古专家温玉成则从菩萨宝冠、降魔手印、六挐具、云纹莲瓣、大黑天等造型特征入手，判断该壁画造于元代至元年间，在公元1280年前后。

经堂碉一层采用传统古碉形制，二层则是木结构，最独特的是一、二层之间的木制斗拱系统，在汉式斗拱基础上加上了藏族元素："斗"下的"雀替"不用云朵，而用护法兽，双目圆睁，生动有趣；"枋"下饰以金刚杵。

包括经堂碉在内，中路现存古碉87座。桑丹老师曾告诉我，过去中路古碉林立，仅克格依村就有30多座，是丹巴古碉最密集之处。丹巴古碉常常高达三四十米，从底部向上逐渐内收，修建时不用图纸，不外搭脚手架，施工都在内部完成，找角度、水平，拼接大小形状均不规则的石块……一切全凭眼力和感觉，却成就了屹立千年不倒的古碉。

基卡依村的其米巴丹是掌握了这门技艺和智慧的匠人。他从19岁开始学习建筑，至今已逾50年，是藏族碉楼营造技艺的传承人，村中的很多房子都出自他手，还带出过不少徒弟。如今70多岁的其米巴丹是当地古碉的守护者，主要做古碉的修缮和维护工作。

中路的历史文化内涵深厚，新石器时代文化遗址和石棺葬墓群为全国重点文物保护单位

中路石棺葬墓群遗址

精美的经堂碉壁画

民风依旧

2002 年第一次去中路，我是村里唯一的游客，不感孤独，却深感亲切，这是因为：村民们不论男女老少都汉语流利，不存在交流障碍；时值春节，家家户户贴春联、放鞭炮，碉房上挂满腊肉香肠，温馨熟悉；最动人的是村民们的淳朴和热情，温暖人心。

我在进村山道上碰见一位老乡，进村后路过他家，稍事休息，主人端上酥油茶、馒头、几样炒菜，招呼我享用。后来才知道这位老乡下午就要离家外出工作，这是家里为他准备的饯行餐，我也跟着沾了光。

进村途中，随时有路人问候："扎西德勒！你去哪里？"然后热情地给我指路，最后以悠悠一句"慢慢地啊"来道别。正月里农闲，一群妇女和小孩在自家三楼的晒台上玩耍，远远地招呼我："还早，过来坐会儿。"我走过去，见大门口的木匠正在为门框上的构件雕龙画凤，便停下来观看。在楼上玩耍的小孩子一趟子跑下来，塞给我几个苹果。

苹果是当地出产，放了一冬，起了皱，颜色鲜艳，吃起来有一种浓缩了的甜。2008 年再去中路，苹果树上正挂满密密匝匝的鲜果，自然生长的苹果有点难看却生态健康，主人家让我自己摘来吃，味道纯正，脆甜多汁，回味至今。

2020 年 5 月三访中路，蓝天白云之下，一树树樱桃红得水灵可爱，听见我们在院门口交口赞叹，主人西绕热情邀请我们采摘品尝。西绕家的樱桃树粗壮高大，树龄达 38 年，和西绕的年龄差不多，是克格依村最老的一株，枝繁果丰，果味浓郁。

次日早晨，在山道上，我们碰见从山上放牧下来的老者，也邀请我们去他家吃樱桃，他指着山下的村庄说："就是那家，黄颜色的墙，要来坐哦！"

……

美丽而宁静，热情又淳朴，这样的克格依、基卡依，这样的中路，这样的丹巴，我真愿意再去坐坐、走走、住住！

大湾村人住上了好房子（宋明 摄）

黑龙潭养育出的特色村寨
大湾村

撰文 / 宋明

　　从德昌县城往西看，有一座高高的山，太阳就落在那山上。山的那边有一口潭，是远近闻名的黑龙潭。潭养育了许多人，周围聚落着许多村庄，其中紧邻潭的便是"中国少数民族特色村寨"大湾村。

　　大湾村是一个彝族聚居村，因周围地形如一个半圆形的大湾子而得名，有 6 个组 923 人。地图上看，从德昌县城到大湾村的直线距离并不远，但是山路弯弯，绕公路需走 50 多公里，开车一般要两个多小时。村委所在地是海拔 2 200 米的松林坪，一个曾长满松树的坪子。

桃树。阿窝当时没有细问，只觉得男子好像是会理或盐源的汉族人。

在阿窝的指引下，我在黑龙潭湖畔见到了那棵直径有六七十厘米的核桃树，应该有几百年的历史，周围还有许多并不很大的核桃树。"那些是后来长的。"阿窝说。在湖边还有许多人工砌石，像田地，像屋基，也像关牲畜的圈基，此外还有许多乱石砌成的坟墓。我曾将照片发给凉山州博物馆工作人员分析，他们说，从砌石看，年代并不久远。

丰富多彩的文化活动

大湾村往北是石流村，有四五百人。在2019年村级行政区划调整中，石流村与大湾村合二为一，成立新的大湾村。大湾村山下是汉族聚居的马米村，马米村再往下便是蜿蜒的雅砻江了，江对面是盐源县，那里同样山峦叠嶂。

"持火游耕万重山"

据大湾村3组组长、护林员邱阿窝讲，在20多年前，有一个男子来到黑龙潭边寻找祖居地，男子称他的祖先曾居住在黑龙潭边，且居住的地方有一个明显标志：屋边有一棵核桃树。他们来到黑龙潭边，真在一个房屋遗址处找到了一棵核

彝寨新生活

烤烟产业为大湾村民增收（宋明 摄）

黑龙潭周边有"何家村子""曾家坪子""余龙海屋基""灯草坪""漆树林""羊棚子"等老地名，结合房屋遗址、墓葬（当地彝族是火葬）看，更像是汉族在这里居住过。这不禁让人浮想联翩：很久以前，在美丽的黑龙潭边有个汉族村庄，人们在湖畔劳作、放牧，每天炊烟袅袅，鸡犬之声相闻，犹如世外桃源。

那现在彝族村民们又是来自哪里呢？71岁的村民孙母牛说："我8岁时跟着父母从喜德县米市区高寒山区迁到德昌，那时正值公社化，我们先是在县城旁的方家，后来觉得太热，才搬到这里。"4组的沙子坡则称，爷爷一代从昭觉县高山上迁来这里。4组组长孟尔吉说，他家搬得近，是从不远的角半搬来的。总的来说，村民迁到这里的时间并不久远，一般是几十年，最多的有一百多年。

老地名"跑马坪"是过去赛马的坝子，当年虽然吃不饱穿不暖，但迁徙而来的老一辈彝族村民在这里扬鞭赛马，尽情挥洒着他们对生活的热爱之情。

与大凉山的许多地方相比，大湾村物产比较丰富，气候也不错，因此许多彝族迁来这里聚居在一起，形成村落。所地、圣乍、义诺几个方言区的彝族群众聚在一起，逐渐交融，形成大湾独特的彝族文化。近年来，又有许多自发搬迁户迁到这里。据统计，自发搬迁户有60多户250多人，他们主要来自昭觉、金阳、美姑等县。语言、服饰各异的彝族同胞们聚在以松林坪为主的地方，在婚俗、丧俗方面也有差异，让大湾村彝族风俗呈现出多样性。

核桃种植成规模
（宋明 摄）

"持火游耕万重山"，是人类一段历史的生动体现，许多民族都曾为了生存而"刀耕火种"，不断寻觅最适合的栖息地。在黑龙潭边的大湾村也是如此，汉族、彝族……带着对新生活的希望，在此来而复往、生息繁衍，在迁徙中、在物转星移中，耕耘生活，耕耘未来。但不变的是山中的树、山中的水，还有他们守着的黑龙潭，更是世代村民敬奉的地方。

养育大湾人的黑龙潭

黑龙潭犹如高原上的一颗明珠，是那样的小巧秀气，如碧玉般镶嵌在绿色的森林里，令人神往。

黑龙潭边有座房子，里面住着来自3个不同单位的3位护林人。其中德昌县天保工程黑龙潭管护点的贾志华，自2012年便在此巡山，管护着2.1万亩的山林。正是有了他们的付出，才让黑龙潭周边森林得以保护下来。

2017年5月，德昌县黑龙潭景区经四川省政府批复设立为黑龙海子省级森林公园。森林公园内有植物156科1 600余种，高山森林景观主要有云南松、太白花楸和杜鹃属植物群落以及凹叶忍冬、中裂茶藨子等落叶灌木群落，同时伴以禾本科和莎草科植物组成的高山草甸群落。森林公园内还分布有数量众多的古树，包括百年云南松、百年枫杨树、百年杜鹃、千年古栎等。另外，森林公园内有野生动物近350种，已知兽类40余种、

鸟类240余种、爬行类18种、两栖类20余种。

阿窝向我介绍："黑龙潭面积73亩①，曾经有人把40米长的绳放下去都没到底。水里原有细鲢鱼，后来有人放过草鱼和鲤鱼。这里海拔2 300米，山上海拔2 700米的地方还有150亩索玛花。"附近岩房沟、老鹰山一带，有野猪、獐、麂、画眉、野鸡等出没。每年三四月，山茶花、杜鹃花开放，形成一片片的花海。潭边有一大片开阔地，可供游客休闲。阿窝说："把烤烟移栽完了要闲一段时间，会有许多人来这里耍。"

德昌县旅游局工作人员也告诉我，黑龙潭是攀西地区最适合自驾旅游的避暑、露营和野炊地之一。的确，我对此是深有体会、亲眼所见。

2015年5月2日这天，马安乡三岔湾村的胡万才抱着孩子来到黑龙潭边玩耍，而他只是众多到湖边休闲的当地村民中的一个。那一天，我也在黑龙潭露营。当我们走到湖边时，看见有很多人，他们或烧烤，或喝酒，或戏水，或垂钓，或摄影，几十顶帐篷把美丽而宁静的黑龙潭装点得五彩斑斓。来自攀枝花市的陈女士说："我感觉水特别清，站在岸边还能看到一群鱼在水里悠闲地游。进来一路都是惊喜，到处都长满青苔，树木又青又绿。草坪如毯，空气清新。"

"因凉山州防火压力特别大，近年来防火期游客到黑龙潭要进行登记，在湖畔不能用火，不能露营。"在黑龙潭防火值班的沙歪角说。

游客逐渐增多，带来了环境保护的压力。但

---

① 1亩≈666.7平方米。

畜牧业促发展（宋明 摄）

当地曾有一位聋哑老人沙比莫，长期在湖边捡拾垃圾，身体力行地保护黑龙潭环境。老人的故事让人钦佩和动容，他的精神和行为也影响了许许多多的当地人和游客。

2015 年是我第一次看见沙比莫老人在捡拾垃圾。但别人告诉我，他已经义务捡拾了很多年了。牧羊人邱农莫说："他捡拾垃圾，是想把湖边弄干净。"老人在和游客交流时非常困难，靠的是用手比画，因此要劝游客别乱扔垃圾难度很大。老人还会时常望着天空，因为他有个儿子在当飞行员。2020 年 5 月再去时，人们告诉我，沙比莫老人因病去世了。这是一个普通得不能再普通的老人，但他却是大湾村人爱护黑龙潭、守护黑龙潭的代表，他那种热爱环境、保护环境的精神，也将永远留存。

黑龙传说添特色

20 世纪 80 年代出版的《中国民间文学集成：四川凉山州德昌县资料集》第一卷，收录了关于黑龙潭的相关传说，讲述人是大湾乡马米村的明德安，一位 75 岁的老人。

从前，黑龙塘（即黑龙潭）住着一条黑龙，干海子里住着一条黄龙和它的儿子，两个地方隔得不远。黑龙塘景色很好，青山绿水，只要掉一点树叶、枝丫在塘里，就有两只雀儿飞去啄起来。干海子呢，水又浅，尽是浑浆浆，周围没啥风景。黄龙早就看上黑龙住的水塘，起心把它争过来。

一天，黄龙要儿子躲在黑龙塘边，自己先去和黑龙打，打赢了就不说了，要是输了，就

大湾新村

要儿子悄悄从背后去把黑龙杀掉。黄龙等儿子藏好，就去跟黑龙打了起来，打得天昏地暗，两个都被对方咬得血流血淌。黑龙知道黄龙的儿子藏在旁边，就假装输了逃跑。黄龙的儿子见父亲打赢了，就跑出来看热闹，不再提防。黑龙假装逃命，逃到黄龙儿子侧边，突然一跃过去，把它的脚砍断一只。黄龙一看，吓慌了，赶忙背起儿子跑掉。

黄龙不死心，天天想办法。一天晚上，他给一个打山匠托梦，喊打山匠帮忙杀死黑龙，并表示事成后一定好好报答他。它还告诉打山匠："看到塘里冒一股黑烟上天，那就是黑龙，你对准它开几炮；要是冒的一股黄烟，就是我黄龙，切记打不得。"打山匠醒来，觉得很奇怪，他想了一下，还是拿起一把火枪去了。一去就看见黄龙和黑龙打得正激烈，两个全身都在流血，把水都染红了。打山匠看它们绞过来绞过去，老是绞作一堆，实在不好下手。正在为难时，黑龙一下翻上来，黄龙翻下去了，打山匠赶紧瞄准黑龙就打，哪晓得

黄龙又翻到上头，一炮打去，打得黄龙肚子开了花，摔到塘里死了。

从那以后，黑龙就清清静静地过日子，也没有谁去跟它争地盘了。打山匠杀了黄龙，总算是除了一霸，黑龙也好好地报答了他。

烤烟产业助力脱贫致富

1985 年，我从师范学校毕业后被分配到煌尤区完小教书，那是个距黑龙潭不远的地方，也就是今天的黑龙潭镇政府所在地。当年，我听闻黑龙潭之名声，便与另一位老师相约，走了几个小时的路来到黑龙潭。当时的黑龙潭非常幽静，没看到人也没看到牛羊，有的只是林子与鸟鸣。黑龙潭被当地彝家称为神地，人们敬畏有加。因为路远，当天无法返回，我们只好夜宿彝家，他们以土豆为主食，生活艰苦。因为没有电，屋里黑漆漆的。那晚，我们睡在火塘边，主人则睡在

黑龙潭边绿树成荫（宋明 摄）

夏天索玛花盛开

火塘的另一边。

2020年再访大湾村，我努力回忆曾经夜宿过的人家，但映入我眼帘的是焕然一新的新村，村民们已经住上了新居，过上了新生活。村民邱比补告诉我，新村住了30多户人家，他自己出了58 000元便住进了新家，家里养了五六十只山羊，还种了40亩烤烟。

大湾村以前主要种植土豆、荞子、玉米，村民们长期粮食不够吃。村干部邱此地回忆，他小时经常饿肚子。

1993年，在县里的推动下，当地种起了烤烟。到2008年，仅烤烟一项全乡人均收入就有7 440元。2019年，大湾村烤烟种植面积达到3 488亩，收入1 000多万元。2020年种植面积又增加了近50亩，雨季来得早，烟苗长势喜人。5月正是农忙时节，我走进村里，看见家家户户关门闭户，村民们在田里忙着种植烤烟，一场雨后，大家正在补苗。

黑龙潭镇党委书记赵泽跃说："我们打算做强烤烟产业，在技术上加强指导，在基础设施建设上加大投入。"

大湾村村民李万舟在丈夫去世后一个人拉扯着3个孩子，她一直坚持种烤烟，终于走上了致富路。她说，虽然有亲人们的帮助，但脱贫攻坚带来的政策支持和政府发放的各种补贴补助对她的帮助更大，才让她在最困难的时候渡过了难关。她发自内心地说："要是在过去，我早垮了。现在有了党和政府的帮助，自己努力就能过上好日子！"

大湾村的畜牧业也可圈可点，全村有一千多只山羊，六七十头牛。另外，"一人打工全家脱贫"，劳务输出也成为大湾村村民收入的来源之一。

美丽的黑龙潭（闫红 摄）

彝寨新风尚

　　大湾村设有幼教点和小学低段教育，全村 12 个幼儿在这儿接受学前教育，有 2 位名辅导员在这里进行教学。2019 年，小学低段只有 1 位学生，因此学校未开学，学生继续在幼教点就读，家长准备送他到镇上或县上读书。大湾村村民非常重视教育，村里约 80 户人家都把孩子送到县城里接受教育。

　　邱此地说："大湾村读了书参加工作的有五六十人。因此大家觉得读书有希望，都争着送孩子到县城上学。"6 组的高佳雄骄傲地说："我大儿子小的时候就被送到县城读幼儿园，现在两个儿子都考上了大学。"

　　大湾村村民十分勤劳，尤其是种植烤烟后，因为大家都明白不勤劳就不能致富。村民讲卫生，公益岗位工作人员每天把公路、村部打扫得干干净净。村民们办丧事不铺张浪费，办婚事不要高额彩礼，与周边汉族村民和睦相处、友爱团结……这些内生动力、这些良好风尚，在脱贫攻坚中，在"四好村"建设中，都发挥了重要作用。

（未署名图片由德昌县黑龙潭镇提供）

坪头村
重生的羌寨

撰文、摄影 / 邓平模

茂县坪头村全貌（茂县民族宗教局供图）

羌历年，释比在木比塔边敲起羊皮鼓

　　岷江上游河谷逼仄，但在流经茂县县城凤仪镇时，难得地开阔了一下。在这里，县城占据了岷江东岸，西岸沿江的狭长城镇背后是台地和缓坡，有一条清澈溪流从龙坪山的两峰之间潺潺流出，哺育了高山脚下的羌族村落。村子里果园繁茂，果树丛中错落地摆放着一幢幢羌族民居，美丽的家园与岷江干热河谷的稀薄植被和山体形成鲜明对比。这就是坪头村，2017 年，该村被国家民委命名为"中国少数民族特色村寨"。

　　自命名以来，坪头村的知名度和吸引力进一步增强，当地政府也根据国家民委对于特色村寨的指导意见和精神，进一步从民居、景观、生活习俗等方面着手，强化羌族特色，积极发展乡村旅游，旅游人次逐年攀升。截至 2020 年，村中的羌家乐已经发展到 248 家。

古今

　　或许因为位置优越，早在史前时代，就有人类在坪头村一带生活。据茂县文体旅游局韩树康老师介绍，坪头距离岷江东岸的营盘山古人类遗址（属距今 5 500~6 000 年的新石器时代）直线距离仅数公里，属于其文化圈范围。从这里进发，古人很可能翻越九鼎山（近年在山中发现了石斧、削刮器等石器时代文物）进入成都平原，留下了什邡桂圆桥、星星村、静安村遗址，后来又从平原边缘迁徙到平原腹心，创造出了灿烂辉煌的三星堆、金沙文化。据专家考证，

上述遗址的出土文物在时间和文化上一脉相承，因而营盘山文化堪称古蜀文明之源。另外，古蜀王蚕丛氏也是茂县人，可见羌族文化与古蜀文明之间水乳交融。坪头村的傩文化广场矗立着巨大的三星堆青铜纵目人像，或许正源于这一背景。

坪头村邻近茂县县城，自古以来交通便利、文化交融，有 95% 的人口为羌族。在 2008 年的"5·12"汶川特大地震中，坪头村三分之一的房屋被损毁，在灾后重建的规划和实施中，政府按照"农旅统筹发展、文旅深度互动、城乡产业一体"的助农增收新思路，为发展乡村旅游打下基础。如我们今天所见，村头的金龟神山上矗立起了高大的羌碉，成为坪头村的标志性建筑；遵循"依山居止，累石为室"的居住传统，村中民居多采用碉房风格，外墙贴上片石，墙顶转角处立上白石，使用万字格窗户；建设了寨门、释比文化长廊、傩文化广场、咂酒广场、子牙亭、索桥等民族特色设施；注入了释比仪式、羌绣、羌族婚俗、咂酒作坊等民族特色生活内容。加上从高半山搬迁下来的羌族村民带来了更加纯正的活态文化传统，旅游接待的需要也让村民们回归传统，穿戴上了云云鞋、头帕、围腰、褂子……坪头村的羌族特色变得愈发浓郁，个性鲜明的特色羌寨为发展乡村旅游打下了坚实基础。

欢庆

活态文化能为村寨注入灵魂，而节日则是文化的集大成者。在政府主导下开展的羌历年和瓦尔俄足庆典，就为坪头村的特色文化传承和弘扬再添亮点。

每年农历十月初一的羌历年是羌族最重要的节日，也是国家级非物质文化遗产。与坪头村相邻的中国古羌城，羌历年活动尤其盛大。2019 年

10 月下旬，我第一次造访坪头村时就感受过。

这一天，盛装的羌族群众聚集到古羌城，祭祀、歌舞、举行开城仪式。羌城内的各展示厅，释比法事、银饰铸造、羌绣、织布、多声部合唱、口弦、羌笛等"非遗"技艺被活态呈现，令人目不暇接。离开古羌城来到坪头村，村民们在院落或路边刺绣、编竹器、舂洋芋糍粑，姑娘小伙们在咂酒广场纵情歌舞，释比在傩文化广场旁的木比塔下敲起羊皮鼓，家家户户洒扫庭院，厨房里飘出浓浓菜香……好一个祥和的羌历年。

瓦尔俄足，也称"歌仙节"或"领歌节"，于 2006 年被列为第一批国家级非物质文化遗产项目，是坪头村的另一个重要节日。从外村嫁到坪头的羌族姑娘张泽莉对村里过节的热闹场面仍记忆犹新。2019 年五月初五，她和村中妇女们早早起床、沐浴、盛装，拎着竹篓来到田边地头，播撒种子，祈愿丰收。大约 9 点半，大家又聚集到村寨旁的古羌城，男子们焚香，祭祀日月、山神、白石、萨朗姐等诸神，祈请歌舞女神萨朗姐下凡，赐女人以歌舞，谓之"引歌"。祭毕，女子们歌舞、祈福。之后回到村里，开启咂酒、跳起萨朗舞。跳萨朗由老年妇女领跳，年轻女子依次相随，纵情歌舞，并传授给下一代。张泽莉说，萨朗姐除了带来歌舞，还带来五谷，教会羌人播种，因而在羌区备受崇拜。

张泽莉说，瓦尔俄足节要过 3 天，期间的坪头寨，跳萨朗、唱山歌（包括对歌、羌族多声部合唱等）、推杆、抱石、筛糠、烤全羊、锅庄晚会等民族特色节目轮番上演，堪比过年。节日期间，家家户户都是男的劳动、做家务，女的娱乐、休闲。显然，这是一个以女性为主角的节日，体现了对女性的尊重，是羌族早期母系社会的遗风体现，因此又被称为"羌族妇女节"。

坪头羌家乐（茂县民族宗教局供图）

古乐队

节庆活动期间是民间艺人大显身手的好时机，其中就时常能看到乐器高手余旺的身影。

碰见余旺纯属偶然。走在咂酒广场，背后的院子里传出响亮的乐声，循声而去，一支十人乐队正为一个仪式演奏，有锣、鼓、钹、铛、镲、铰、马锣等乐器，余旺和另一个小伙子正鼓圆腮帮，将唢呐吹得昂扬嘹亮。乐声停下后，余旺告诉我，这支欢快的曲子叫《闹山会》，是关于羌族转山的乐曲。

乐队中只有余旺是坪头村人。后来我拨打他的电话，提示音竟然是："欢迎致电茂县坪头古乐队……"原来28岁的他已经扯起了一支五人乐队，他们主要活跃在羌区的婚丧嫁娶、节庆活动等场合。我们偶遇的那天，他们正和一支外村的乐队合奏。

由于音量大、穿透力强、长于营造气氛，唢呐成为羌人节庆和仪式上的必备乐器，在羌人日常生活中的出镜率远超名声在外的羌笛。

余旺因在小学音乐课上学习竖笛而爱上音乐，17岁时，到绵阳艺术学校学习，专攻唢呐。在学校期间的扎实学习加上家乡前辈的指点，让余旺很快成为茂县数一数二的"唢呐王"。入行十余年，他会吹奏的曲子多得数不清，包括羌族老艺人传授的一些民族曲目，如《花儿纳吉》《尔玛则莫》《云朵上的羌寨》等。

除了唢呐，余旺还会马锣、笛子、葫芦丝等乐器，眼下他正打算学习羌笛和萨克斯。他的羌笛老师有两个：老前辈陈海元和年轻人周万航，都是茂县的羌族人。其中周万航也是茂县坪头古乐队的一员，他掏出羌笛，信口吹起一曲《迁徙》，依稀间，羌人从西北大漠迁徙而来、在岷江河谷繁衍生息的画卷在旋律中徐徐展开。

羌家乐

坪头村曾经是单一的农业村。灾后重建为坪头赋能，民族特色为坪头吸睛，近在咫尺的中国古羌城给村子带来人气。

采摘青脆李（何清海 摄）

自 2010 年起，坪头村就开启了传统农业与乡村旅游综合发展的复合型产业之路，采取"村两委 + 公司 + 农户"发展模式，乡村旅游产业得到快速发展。2015 年，坪头村荣获"中国乡村旅游模范村"称号。2017 年，得益于民居特色突出、产业支撑有力、民族文化浓郁、人居环境优美、民族关系和谐，坪头村又被命名为"中国少数民族特色村寨"，知名度和吸引力进一步扩大，更激发了村里通过强化民族特色助推旅游发展的信心和决心。

迄今，坪头村的羌家乐已经发展到 248 家，床位达 3 000 余张，村民直接或间接从事旅游行业的人数占总人口的 40% 以上。我走访了村民余旺家的羌碉客栈和九生家的三号别墅，他们是坪头众多羌家乐中各具特色的两家。

羌碉客栈有 22 间房，走大众路线。余旺将其中 10 间房租给旅游公司经营，剩下的 12 间房自己打理，房价在一两百元。再加上果园和乐队的收入，日子过得舒心而滋润。

三号别墅的房子原是 2005 年修建来自住的，前瞻性地考虑了抗震因素，在 2008 年"5·12"汶川特大地震中未受丝毫损毁。2010 年重新装修后开始营业，小而精致，走的是高端民宿路线。

2019 年 10 月，我初访坪头，当走进村寨深处的三号别墅时，眼睛为之一亮，它简洁雅致有格调，仿佛是从丽江或大理双廊搬来，谁也没想到会在这里与这样美好的院子不期而遇。当时还有数十人来到三号别墅，看到美丽的精致小院，他们当即决定就在三号别墅吃午餐。但当时已是上午 10 点，要准备数十人的午餐，我不由得为两位主人捏把汗。结果我的担心是多余的，中午 12 点，几大桌丰盛可口的羌家美食就让远道而来的客人们交口称赞。

2020 年 5 月重游坪头村，我迫不及待地询问九生、李福英夫妇，那天他们是怎么搞定筵席的。两人哈哈大笑，也对那天的事记忆犹新，说可把他们忙坏了：一人开车上街采购，一人召集六七位村民帮忙，总算让大家满意地吃上了午饭。这则插曲，让我感到坪头的羌家乐已经发展得非常成熟，村民之间的团结互助也值得赞许。

坪头村和远方的九鼎山

    在坪头村的众多羌家乐中，九生、李福英夫妇的经营理念显得独特。他们的客房380元一间，餐标100元一人，价格常年固定不浮动，旺季时有人出高价，也不涨价不转手，淡季也不打折，稳健诚信的经营理念为他们赢得了不少回头客。

养生地

    成都5月的天气，有时候就炎热得堪比7月了，此时来到海拔1 680米的坪头，就如同走进了清凉世界。

坪头村一角

民宿里的优美景观

5月中旬的坪头，对面的九鼎山上还有皑皑白雪，村庄里已经是生机勃勃。青脆李个头还小，车厘子青里透红，白紫两色的洋槐花正满树垂绽、花香馥郁，几棵高大的楸树开满了浅紫色的花朵，一派晚春景象。

洋槐树下的羌家乐里常有花儿绽放，但花儿最繁盛处还得数九生家的三号别墅。"要说我们家与别人家有什么不一样，就是我们爱种花。"女主人李福英说。施肥、打药、修剪、除草……在两位园丁的悉心料理之下，院子里成了花的国度。院墙上的蔷薇有十多年了，花蕾密集，一周后将迎来盛花期，"到时候来拍照的人多得很！"李福英说。水塘边巨石上的牡丹花朵已谢，植株茂盛，长势良好，可以想象开花时该多么雍容绚烂。兰花的花盆里长满青苔，采自当地山中的幽兰正散发暗香。玫瑰和月季的花朵丰腴饱满，开得正艳。石竹花、太阳花、星星花、马蹄莲也在盛放，只有大丽花、百合、桂花还没到花期。

爱花之人自然是热爱生活的。九生面色红润有光泽，与爱人一样笑声爽朗，比同龄的我更显年轻。这显然与坪头土地山川的滋养有关。靠山吃山，坪头人的生活尤其受到大山的恩赐。10月在坪头的午餐，我就吃到了核桃花、菌类、腊肉等当地食材。据九生说，他们平常吃到的食材中，野菜野菌占了其中相当大的比例，颇受客人欢迎，有折耳根、蕨菜、刺龙苞、竹笋、地卷坪（地衣）、灰灰菜、枸杞芽、苦麻菜、鹿儿韭、松茸、羊肚菌、牛肝菌、杂菌等。

九生斟上一杯药沟水泡制的地胡椒茶，味道清新独特。地胡椒采自村庄背后的龙坪山，生长在海拔3 000米以上的地方，每年开春发芽，七八月采割后阴干，用来泡茶，可养胃、顺气，他常年饮用。除了地胡椒茶，九生的原生态饮品还有野生金银花、滑头草、蒲公英等，各有其功效。

除了饮品，龙坪山上的药材也非常丰富。九生说过去老人常上山采药，有羌活、贝母、虫草、柴胡、绵三七、天麻、猪苓、党参，山中的那条沟因而得名药沟，沟中流出的溪水就叫药沟水，是村民们的饮用和灌溉水源。

药沟不仅出产药材，景色也非常漂亮，沿沟进去，有一线天、滴水岩、德西岭、雪坪河牧场、森林等景观。虽然很久没进沟了，九生对里面的美景却如数家珍。

如我所见，如"中国少数民族特色村寨"之名，坪头村气候宜人、环境优美、食材天然，村民淳朴善良，村里的康养中心和附近的羌医馆还能为客人提供特色服务和诊疗，很适合人们避暑、养生，因此长期吸引成渝等地的市民来此小住。坪头村也抓住时机，先后举办了两届康养文化艺术节，康养已成为坪头村在乡村振兴道路上不断丰富特色内涵的新的旅游发展方向。

后记

我来到坪头村这天是2020年5月12日，恰逢汶川特大地震12周年纪念日。村口的游客中心旁，一对新人正举办婚礼，歌舞飞扬，喜气洋洋；村委会所在的咂酒广场旁，一户人家正在办丧礼，乐声响亮，哀而不伤。生活就这样，在婚丧之间、生死之间周而复始。我想新人选择在这一特别的日子举办仪式，一定有特别的寓意，或许是对灾难的从容和淡定，同时也包含着村中感恩路和感恩墙上所表达的那份感恩。

在政府的科学规划和大力扶持下，今天的坪头村早已华丽重生、大步向前，在万千村寨中闪烁出了属于自己的光彩。

坪头羌寨，纳吉纳鲁！

写在田野上的诗画

撰文 / 西昌市民族宗教事务局

这是一座山清水秀的村寨；这是一方"宜居宜业宜游"的热土。

位于凉山彝族自治州西昌市裕隆回族乡的兴富村，因山而秀美，因水而灵动，因文化而厚重。

兴富村辖 12 个村民小组，有回、汉、彝、藏、蒙古等多个民族的村民 3 200 余人，其中回族人口占全村人口的 85%，是一个典型的民族聚居村，曾被评为"四川省民族团结进步示范村"。2019 年，兴富村被国家民委命名为第三批"中国少数民族特色村寨"。

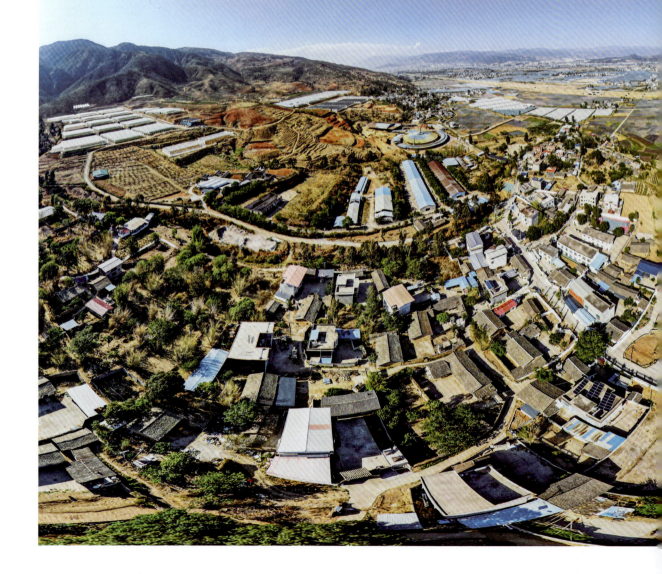

其乐融融

美丽的兴富村

特色板鹅、板鸭美食

兴富村历史悠久，拥有良好的山地、溪谷、森林、古树等景观，自然环境极为优美，绿水青山随处可见。从连绵的山峦到广袤的原野，从座座回族农家院落到历经沧桑的古代建筑遗址，这里的一花一草、一树一木、一房一院，无不透露着淳朴的民族风情。村内还有多家回族特色餐饮，其极具回族风味的板鹅、板鸭、鹅肝、牛肉干巴、清真苦荞、回族糕点、油香等特色食品吸引了众多好吃嘴儿慕名而来。

近年来，兴富村大力发展乡村旅游业，依托连续多年举办的全国性"回乡文化节"，村子具有了较高知名度，来此旅游的各地游客越来越多。特色农业也是兴富村着力发展的一项主导产业。目前，村内建有裕隆现代农林产业融合示范园区、万亩蔬菜产业园区两个州级产业园区。裕隆现代农林产业融合示范园区是集科研、种植、休闲观光为一体的现代农林产业综合体，更是"一带一路"的小盆景出口备案基地。万亩蔬菜产业园区是供港澳蔬菜基地，园区以辣椒、番茄、贝贝南瓜等蔬菜种植为主，其中辣椒等蔬菜已出口到俄罗斯、哈萨克斯坦等国家。现村内正在施工建设一条长约7.4公里的公路，这条路修建完成后将会连接起裕隆乡的兴富村、星宿村、长村村三个村，方便当地群众的生活出行，解决农产品的运输问题，促进旅游产业的发展。

岁月流转，寒暑易换。兴富村经历了600多年的岁月洗礼，从洪荒到繁荣，从贫穷到富裕，村民们在这片生养自己的土地上享受着大自然的恩赐和传统文化的熏陶，孕育出一代代勤劳奋进的兴富村儿女。如今，他们正用自己的双手描绘着兴富村发展的新蓝图，未来的兴富村不仅是一个集旅游接待、农旅融合、休闲娱乐、餐饮服务、田园观光、农事体验于一体的民族特色村寨，还将是一个村庄换新貌、产业上规模、设施趋完善、文化有底蕴、绿化全覆盖的社会主义文明新村。

（图片由西昌市民族宗教事务局提供）

田间插秧忙

番茄丰收

探秘石砌古堡

掀开千年村寨的神秘面纱

撰文 / 王子涵

远眺色尔古藏寨

进入寨子，踏上青石板铺砌的小路，听着哗哗的水声，一路走去，你会恍如置身一座由地下水网组成的迷宫中。这些水网将藏寨的上寨、下寨、娃娃寨三个寨子的碉楼都连接起来，家家相连、户户相通，满足寨中人们日常生活用水的需要，在曾经的战乱年代有助于增强寨子抵御外敌侵袭的能力。地下水网中流淌的是周边的高山清泉，盛夏时节，清泉透过石板路传来丝丝凉意，让人感到清爽无比。

关于色尔古藏寨还有个美丽的传说。说是很早很早以前，当地先民都以高山游牧为生。一天，人们牧羊走过一道山脊，遥望对面河谷间有一股清冽的山泉流淌，山泉流经一个台地（今色尔古藏寨所在地），草木丰美、生机盎然，其中一人便掏出麦粒绑在箭上，射向台地。来年，当他们再次牧羊路过山脊时，竟发现落在台地上的麦粒已长成一片麦地，麦穗沉甸甸的十分喜人。于是，先民们举族迁徙至此，开始了半农半牧的新生活。

要知道，这座历经千年的古村寨还烙有深深的红色印记。1935年，红军长征路过此地，村民们主动为红军筹备各种物资，帮助红军翻越雪山。现今，在村子的徐向前指挥所遗址里，步枪、马鞍等红军遗物仍会让观者忆起那段峥嵘岁月。

时光荏苒，在黑水县大力发展全域旅游的今天，有着厚重历史文化、多彩民俗风情的色尔古藏寨正吸引着越来越多的人们去一探究竟。

"石头垒的家，岁月铺的路，恍如隔世的生活……"这是对位于川西高原阿坝藏族羌族自治州黑水县色尔古藏寨（即色尔古村）最生动的描述。依山而建的古老村寨在岷江河谷的疾风中已矗立千年之久，被誉为"嘉绒藏族第一寨"。2019年，色尔古藏寨被评为"中国少数民族特色村寨"。

恩登扎西吹奏什布里

古老文化在藏寨传承

在色尔古藏寨，当地人喜欢吹奏一种竹制的单簧气鸣乐器，其音清亮，其声苍凉，闻者无不动容，黑水人称其为"什布里"。

现在，能够制作、吹奏什布里的人已寥寥无几，作为寨中最年长的什布里守护者、80多岁的恩登扎西大爷仍执着于什布里制作、吹奏技艺的保护和传承。

每当有游客造访寨子时，恩登扎西都会拿出

古老的藏寨

什布里来吹奏一曲。在他看来，向各地游客充分展示自己民族的乐器，让更多的人了解什布里，是一件好事。

随着社会的快速发展，民间乐器赖以生存的环境也急剧地发生变化，许多珍贵的民族乐器因缺乏年轻一代的喜爱和传承，可能会随着老一辈的离去而急速消亡。这是恩登扎西最为担忧的事。

2009年，为了让古老的民族乐

器焕发新生，让更多外地游客感受到藏族民间艺术的迷人魅力，黑水县通过各种方法释放民间表演艺人的潜力和活力，培养了一批职业民间艺术家，以解决民间艺术传承难题。

这个好消息让恩登扎西有底气了，尽管已年过八旬，但恩登扎西在什布里制作和吹奏技艺的传承上，却总有一股使不完的劲。目前，恩登扎西不仅有了什布里固定教学点、学徒十余名，每年他还必到色尔古寄宿制小学传授技艺。恩登扎西每天不是教学徒、给游客吹奏什布里，就是制作什布里。他把做好的什布里放在村子的文化展示厅里，供游客观赏。

作为吹奏什布里的传承人，恩登扎西从未放弃任何向人们展示什布里的机会。2013年，黑水县举办第一届彩林节，恩登扎西带着学徒在彩林节舞台上吹奏什布里。由此，知道什布里的人慢慢多了起来，什布里也逐渐成为色尔古藏寨的一个文化符号。

红色文化在藏寨传播

1935年6月至1936年8月，中国工农红军曾三进三出黑水县，在这里撒下的革命种子、留下的长征精神、流传的英雄事迹，成为黑水这片红色热土上永恒的精神财富。80多年后，黑水县发生了翻天覆地的变化，昔日战场的硝烟早已散去，但那时老乡们给红军运粮留下的驮马铃声、红军的行军号声仿佛还在山间回响。如今，黑水县依然随处可见红军曾经留下的

闲话家常

印记，这些印记吸引着八方人士前来瞻仰纪念。

色尔古藏寨是红军在黑水县境内建立第一个苏维埃政权的地方，徐向前指挥所就设立于此。当年，徐向前元帅带领部队利用寨子四通八达像迷宫一样的有利地形与附近的瓦钵梁子山，有效地阻击了追击到此的敌军，从而保障了芦花会议和毛儿盖会议的顺利召开。

走进指挥所遗址内的徐向前寝室，元帅之前睡过的大床，用过的油灯、马鞍、石磨、石臼等用品都一一陈列着，指挥所内还悬挂着徐向前的两幅照片和一张红军长征过黑水的线路图。

指挥所遗址通过收集、整理、展出大量红色文化实物，使这些承载着当年战争烽火与革命记忆的实物，在向人们诉说今日幸福来之不易的同时，更激励着无数后来人不忘初心，砥砺前行。

乡村旅游在藏寨兴起

走进今天的色尔古藏寨，除了能够感受到那千年不衰的古朴民风和厚重的红色文化之外，乡村旅游发展大潮的气息也扑面而至。

看藏寨、品藏餐、听藏笛、唱藏歌、跳藏舞，随着全域旅游时代的到来，2009 年，这个有着158 户人家的寨子走上了乡村旅游发展之路。2017 年，色尔古藏寨被列入第二批中国传统村落名录。

游客来了，人气旺了，一些勤劳精干的色尔古人率先看到商机，开起了藏家乐，罗让多吉便是第一个吃螃蟹的人。

罗让多吉是土生土长的色尔古人，家有六口人。2004 年，罗让多吉开办了寨里的第一家藏家乐，很多来过寨子的游客都认识他。罗让多吉的房子在寨子里算是面积较大的，全家人一直保持着传统的藏族生活习俗。每当有客人入住时，他们一家除了用美味佳肴招待客人外，还会

邀请客人一起跳锅庄，让客人切身感受藏族饮食与歌舞文化的魅力。

为了使更多村民加入到发展乡村旅游的队伍中，黑水县委、县政府隔三岔五便组织村民参加厨艺、酒店管理等方面的培训，开展参观考察活动。慢慢地，长了见识、学到技术的村民心里有了底，也就纷纷跟进。罗让多吉告诉我，现在寨子里已经有了 7 家藏家乐，大家还开发出手抓羊肉、洋芋糍粑等特色菜品。

藏家乐市场毕竟有限。为能让更多村民获益，黑水县委、县政府又按"文旅相融、以文促旅、一三互动、以旅带农"的发展思路，向村民免费

提供幼苗，鼓励村民种植菜椒、甜樱桃等蔬果经济作物，发展凤尾鸡等特色养殖业，打造"色尔古村立体观光农业示范基地"。

听罗让多吉说，他家3亩多的果园里就种着苹果、杏、桃、甜樱桃等多种水果。虽说2020年受新冠肺炎疫情影响，游客相对较少，但随着疫情防控的持续向好以及藏寨对外知名度的提高，甜樱桃上市时，不少外地游客还特地前来购买，很多村民的收入有近万元。据了解，色尔古藏寨现水果种植面积有300多亩，时令蔬菜种植面积有50余亩，各种优质农产品成了游客们游玩寨子时的必买品。

寨子一天天热闹起来了，村民们的收入也一天天增加了。但鉴于藏寨旅游产品仍以初级农产品为主，没有形成高附加值、形式多样的旅游产品的状况，黑水县将现代旅游理念融入藏寨特色民俗旅游的打造中，在当地新建了莲花岛新农村综合体项目，希望通过特色农业观光道、特色农产品展销中心等旅游要素的完善，全面提升色尔古藏寨的旅游综合接待服务水平。届时，古老的寨子将吸引更多的省内外乃至外国游客至此，了解独特的藏族文化、厚重的红色文化，体味古朴自然的藏家田园生活。

（未署名图片由黑水县委宣传部提供）

藏寨夜景

羌山儿女握住了生活与远方

撰文／田明霞

幸福羌家人

绵阳市平武县的清漪江两岸是羌族的聚居地，"中国少数民族特色村寨"平通镇牛飞村就正处于九环公路（成都至九寨沟旅游环线公路）和清漪江的交接地带。近期，我来到牛飞村采访，羌绣、碉楼等羌风羌貌扑面而来。

从绵阳市出发，向北驱车约1小时，便由涪江冲积扇平原进入了龙门山脉的崇山峻岭中。初夏时节，汽车沿着涪江支流清漪江（平通河）边的公路往山里驶去，满目青翠。

进入平通镇地界已是中午，继续向前，行不多远，眼前暮然出现一座顶着牛角形状的宽阔拱门，拱门上方挂着的黑色牌匾写着"牛飞村"三个大字。拱门后方是一座横跨清漪江的石桥，石桥之后则是羌族风貌的民居以及林木茂盛的青山。

车停在靠近拱门一侧的桥头，我一下车便看到一座羌式小碉楼，碉楼上的壁画多反映羌族群众劳动生活的场面。桥的另一头有一座黑石碉楼，上刻"走马羌寨"四个大字。听村民说，走马羌寨是牛飞村的别名，因村子是当年茶马古道上的一个驿站，故取此名。碉楼附近有一个古树根，2008年"5·12"汶川特大地震后，时任中共中央总书记、国家主席的胡锦涛到此视察时指着树根说："这就是根基啊！"之后，这个树根便被命名为"根基"。

跨过石桥，漫步进入牛飞村，仿佛是进入了一个石头城。从脚下踏的石板地面到包裹房屋外墙的石片，再到几乎家家户户都悬挂的石雕羊头……所有的一切都与石头有关。在村里，我还看到一座用石头砌成的石塔，共五层，极为引人注目。走近细看，石塔最底层的拱门上赫然刻着"勿忘此恩"四个字。据了解，牛飞村是

"5·12"汶川特大地震后由河北省邯郸市对口援建的灾后集中重建村。"吃水不忘掘井人。我们村经过12年的重建和发展,更加生气勃勃了,我们永远不会忘记河北人民雪中送炭的援建之情。"采访中,村民们动情地对我说。

午后,一辆装满活鸡的小货车驶进村子,随着"买土鸡"的吆喝声响起,好些羌家妇女都放下手中的绣活聚拢到车前选购。如今,牛飞村的羌绣技艺已成功申报为市级非物质文化遗产保护项目,游客们在村里可自己动手刺绣,亲身感受羌绣的魅力。据介绍,牛飞村现已建成集羌族文化研究、羌绣传承与研习、羌族歌舞与民俗展示于一体的羌绣产业园,有相关专家、技术骨干和绣娘上千人。产业园依托平武县传承职业培训学校,以"公司+基地+合作社+绣坊+绣娘"的链接机制营运,力求将牛飞村打造成羌族文化活态传承的特色村寨。

走马羌寨碉楼

牛飞村村口

羌绣已成为牛飞村的一张名片

很幸运，我在村中采访时迎面碰到了当地有名的"女强人"——沈艳燕。"5·12"汶川特大地震前沈艳燕在绵阳工作，地震后返乡，带领村里绣娘传承羌绣技艺，创新羌绣产品，声名远播。沈艳燕曾说："我们是从汶川特大地震中走出来的羌家儿女，我们懂得感恩，我们拿起针线缝补创伤，用一针一线绣出美丽家园，也把无疆大爱传承。"

穿着漂亮羌族服装的沈艳燕告诉我，她正要带她身后一群同样穿着羌族服装的游客去茶园玩。牛飞村现在每个季节都会举办充满民族风情的特色活动，尤其是春季采茶节，已成为村子吸引外地游客前来的一张名片。往年趁着采茶节到村里来采茶、买茶的游客很多，但2020年因为新冠肺炎疫情影响，游客大幅减少，不过这并不影响村民们发展旅游业的信心。

走马羌寨红色文化宣传馆的文化墙

走马羌寨红色文化宣传馆的文化墙

　　继续往村子里走，绿绿的山坡上有村民正在建新居。顺着村道向山坡上行，很快，与村子同名的走马羌寨红色文化宣传馆就出现在眼前。宣传馆的主人任潮涌长着络腮胡，看起来颇有几分英武之气。他告诉我："几十年前，红军曾在村子附近的走马岭驻扎激战过，很有纪念意义。几年前，我从同镇豆叩乡来到这里流转山林，修起了走马羌寨红色文化宣传馆，做红色文化宣传和乡村旅游接待。"说话间，好几个游客饶有兴致地在宣传馆的文化墙下拍照，还有一群来自绵阳市一家医院的党员在此开展党建活动。

　　走马羌寨的旅游接待区由十多栋木楼、羌绣教室、茶楼、餐厅等组成，所有建筑都沿着山势依次修建。树皮墙、石子地面、青灰瓦……整个接待区就好像与山林融为一体，和谐极了。清漪江在山林下方，绕着村子缓缓流淌，那流动的水声就似春夜沙沙作响的雨声。

　　近年来，牛飞村依托良好的生态环境、浓郁的羌家风情，以羌文化传承为核心，以乡村旅游为突破口，大力推动了当地的经济发展，有效增强了村民们的幸福感和获得感。我相信，这个位于清漪江畔的羌家村寨未来一定会更加美丽。

（未署名图片由平武县民族宗教事务局提供）

绿海中的邛山一村

丹巴邛山一村
官寨和美人

撰文、摄影 / 邓平模

出丹巴县城，沿大金川北行，两岸散落着一个个美丽的藏寨。进入巴底镇境内不久，有一股激流从邛山沟口汇入大金川。我们在此左拐，沿溪流峡谷而上。一路上，山势陡峭，山路崎岖，不见人烟。兜兜转转行至山腰时，眼前豁然开朗：两面大山夹着一长溜缓坡，坡底是一个平坦的圆形盆地，田畦工整，禾苗葱绿，丹巴特有的石砌白墙民居挨挨挤挤，拱卫着高大沧桑的巴底土司官寨高碉……这个隐藏在深山的美丽村落就是邛山一村。2017 年 3 月，邛山一村被国家民委命名为"中国少数民族特色村寨"。

土司官寨

　　邛山一村围绕山谷中央的圆形盆地展开。盆地正中是一棵树龄约两百年的森森古柏，如定海神针般挺立在圆心。据说它是村子的"风水树"，关于这棵树还有一些神奇传说。古柏被良田美景环绕，田园外围、山脚之下则有民居村落合理有序地布局着。

　　为了解土司官寨的历史文化，我们径直来到了宝全大叔家。宝全大叔家的"土司阿玛客栈"就扼守在村庄的一个小平台上，从院子里的核桃树下望出去，就是盆地另一端的巴底土司官寨和它背后的民居群。宝全大叔家客厅的正墙上画着一幅官寨复原图，显露出宝全大叔对官寨的深厚感情。事实上，他的确算得上是村子里对官寨最为了解的人了。

　　据宝全大叔说，巴底土司官寨始建于清康熙四十一年（1702年），彼时巴底、巴旺一带的部落首领罗布木凌被清廷封授为巴旺安抚使，从五品，管辖番民850户。罗布木凌的次子旺查尔管辖现在巴底乡全境，即巴底土司，是嘉绒地区的十八土司之一，辖地600多平方公里，其政治中心就在如今的邛山一村。清乾隆三十八年（1773年），旺

村中的古碉和民居（2002年摄）

43

宝全大叔家墙上的土司官寨复原图

嘉绒文化博物馆

查尔的儿子安多尔因在清廷平定金川的战役中有功，擢升为巴底宣慰使，从三品，次年定序为正三品，归打箭炉厅管辖。安多尔之后，巴底又先后经历了 7 代土司。邛山一村的这座官寨就是历代巴底土司的官邸，也称夏宫，是土司最主要的统治管理和生活起居之地。此外，土司还在海拔较低的沈洛村修建了冬宫，现已不存。

宝全大叔与官寨有着不解之缘。他家祖上长期担任土司的警卫，父亲在民国末年进入官寨，是末代土司的贴身护卫。他在 20 世纪七八十年代任邛山村会计时，又在官寨内办公 11 年。

据宝全大叔介绍，官寨的历代土司多为进步土司，对上归顺朝廷或中央政府，对内对下风清气正、加强管理、发展生产。官寨在当地民间又称王寿昌土司官寨，是因末代土司而得名。"王"是官方给巴底土司的赐姓，彰显尊重。王寿昌，藏族名字为尼玛旺登，在辖地治理上法纪严明，生活中则平易近人，深得民心。王寿昌还是个"红色土司"，在 20 世纪中叶，以他为首的丹巴土司促进了 1950 年丹巴和平解放。王寿昌还主动申请废除土司制度，遣散了侍卫、家丁和佣人，搬出官寨，将其交给集体和合作社使用，官寨曾用作办公室、保管室、活动室，还安置过村里的

孤寡老人。

跟随宝全大叔的脚步，我再次走进官寨。

丹巴素以石砌技艺精湛、高碉和民居建筑独具特色而闻名，土司官寨正是碉与房结合的杰出建筑代表。这是一座占地 2 000 多平方米的石头城堡，设计精心、建筑牢固、功能完备。其标志性的主碉高达 18 层，现存 9 层，顶上尚存的一角还悬挂着风铃；主碉左右两侧为两座辅碉，均为 6 层，拱卫着主碉；三座高碉之下，四面房舍围合成巨大的四合院。

官寨曾经遭遇过一场火灾，加上岁月剥蚀，2002 年我第一次拜访官寨时，三座高碉下的大片房屋已经坍塌，残垣断壁，一片荒凉。18 年后重访官寨，三座高碉依然屹立，碉下的部分建筑还得以修复，包括大门上方天顶的彩画、北房的一层房屋、东房的四层楼房等。本着修旧如旧的原则，修复部分与旧有建筑比较协调：旧有的藏式窗框繁复层叠，富有装饰美感；木柱回廊被刷成绛红色，梁柱间的牛腿构件上雕刻着龙头或粗犷流畅的卷草纹。

站在官寨院落里，我脑海中不由浮现出宝全大叔墙上的官寨复原图，在他的解说下，官寨的格局和功能在我眼前越发清晰：从大门进来，

左右两侧是低矮的牢房，东房一层是拘留所，正房一层是佣人房；院子西侧有行刑台；正房楼上有客厅、大小会议室、餐厅、警卫室；上楼转弯，出示证件文书，经过九道门，才可抵达东房四楼的土司卧室。

院子西南角有一间小屋，墙上画着壁画，这是村里的经房，也是官寨里最有人气的部分。随着经筒一圈圈转动，上面的铃铛有节奏地响起，村民们不紧不慢地转经，然后就坐下来拉拉家常，不时发出朗朗笑声。

如今官寨虽只剩空壳，但在官寨旁边的嘉绒文化博物馆，还可以看到一些源自官寨的文物，可以丰富我们对官寨和邛山一村的认知。这是间简朴的家庭博物馆，主人是本村村民拥忠，一个有心的年轻小伙子。他历时十余年搜集了200余件文物，其中来自土司官寨的有70多件，比如用细长笔直的羚羊角做支架再饰以精美银饰的土枪、乾隆打金川时兵将们留下的大铁球炮弹、用斗大的树瘤刨制成的巨大面盆、用圆木挖成的独木舟形储肉柜、土司辖地二坡村烧制的温酒壶、躲避僵尸鬼怪用的躲鬼木屋等，让人啧啧称奇。

邛山土司官寨是四川省重点文物保护单位。官寨后面的村落是典型的传统丹巴民居群，留存完好，值得一游。往沟内的村寨深处走，还有民居与高大古碉辉映的美景。在邛山一村，丹巴的代表性文化元素一个都不少，当年这里曾是电视剧《尘埃落定》的两个候选外景地之一，只是因交通不便，剧组才不得不忍痛割爱。

官寨梁柱间的木雕

源自土司官寨的用巨大树瘤刨制的面盆

转经堂墙上的绘画

修复后官寨大门上方的壁画

邛山一村土司官寨（2002 年摄）

美人谷

　　丹巴素有美人谷之称，但从狭义上讲，美人谷其实是当地人对巴底乡邛山村的专称。

　　"砍树要受罚，烧山要坐牢。"我在邛山一村看到了这样的宣传语，但类似的生态保护意识从土司时代就开始了。宝全大叔说，高山生态脆弱，邛山土司历来就重视生态保护，为了杜绝高山居民砍树毁林，土司安排山民们搬迁下山，实施生态移民。常年的养护使得这片山谷林木繁茂，村子完全被绿色林海所环绕。2002 年我曾进入村寨深处，看见五月飞雪渲染出白绿两色的林海，林海中有钙华和溪流。正是如此美丽的一方水土，养育了一方美人。

　　土司还非常注重产业规划、文化建设，其辖地内各村按资源来拟定发展方向，有的村专事生产陶器（二坡村），有的村主攻竹编，有的村负责打猎，官寨所在的邛山一村则注重发展歌舞和文化……颇

村民使用简单的工具捻制毛线（2002 年摄）

有一村一品的意思。但今天，在邛山村碰到美人的概率并不高。与丹巴的明星村寨甲居、中路、梭坡相比，邛山村养在深闺，娴静到寂寞，村中所见多是老人、小孩，美人呢，大多走向了外面的世界。

2002 年我来邛山，夜宿拥忠家，开玩笑说邛山村的美人谷已徒有虚名。拥忠屈指一算，仅他知道的，邛山一、二两村百余户人家，就有 12 人去了北京、5 人去了九寨沟、7 人在成都，十来人在海螺沟……丹巴很多人都能说流利的汉语，更容易适应外面的世界，出去闯是很自然的事，而且当地素有歌舞传统，让邛山村走出去的美人们独具优势。

说起外出打拼的邛山美人，宝全大叔说成功者不少，比如阿热。

阿热，这个名字我熟悉，早在 2006 年，我就到过成都的阿热藏餐，对它三层楼的体量、藏味浓郁的空间设计、创新美味的藏式菜品、热情美丽的服务员都有深刻印象，它的创建者就是阿热。因为家庭贫穷，在邛山村土生土长的阿热只读过两年半小学，1995 年初为人母的她毅然来到成都，从面馆服务员做起，发现了藏餐中的潜在商机，自主创业开了店。如今她的阿热藏餐在成都已有三家分店，在康定、迪庆、拉萨等地也开了分店，吸纳了不少家乡人在她店里就业。

美人谷将它的美给予了世界。愿美人们常回到美人谷。

邛山一村生态良好

文化和产业支撑下的
布拖日嘎村

撰文、摄影 / 俄底尔以 王德

　　2014年，国家民委命名首批"中国少数民族特色村寨"340个，四川省入选了5个村寨。其中，布拖县特木里镇日嘎村是凉山彝族自治州唯一被命名挂牌的特色村寨。

　　时隔6年，当年的"中国少数民族特色村寨"现在如何了？伴着和煦的春风，我们来到了日嘎村。

日嘎村

民居上的彝族文化

日嘎村距布拖县城 2 公里，有 239 户 974 人，是布拖县 2012 年彝家新寨建设示范村。

走进日嘎村，村庄掩映在杨树中，村里的水泥路笔直延伸，民居错落有致，民居墙壁上以黑、红、黄三种主色调绘制着节庆图案、彝族文字、花边条纹以及彝族英雄支格阿龙骑马射日的传说等各式各样的具有阿都地区彝族特色的图画和符号。

"图画太漂亮了，反映的是我们彝族人真实的生活和习俗。"对于自家墙上的背水姑娘、妇女织布纺线等图画，日嘎村村民阿比你吉发自内心地喜爱。

"火把节斗牛、斗羊、赛马、摔跤的图案太逼真了，姑娘们唱朵洛荷的图画更是迷人。"偏爱节庆活动的日嘎村党支部书记阿古次合则酷爱关于火把节的图画。

彝族火把节号称"中国十大民俗节日"之一，享有"中国民族风情第一节""东方狂欢夜"

独具特色的彝族阿都文化

彝族英雄支格阿龙射日画像

等美誉，而布拖县又是彝族火把节的发源地，是"中国彝族火把文化之乡"。在日嘎村，村民们对火把节的热爱不言而喻，村里的一面面文化墙上的绘画就是最好的印证。阿古次合说，墙上这些关于彝族火把节传统竞技活动和彝家姑娘打着黄伞唱朵洛荷的图画居多。

日嘎村村委会的建筑也充满了彝族特色，屋檐雕梁画栋，垂吊着的像牛角般的木饰抢眼醒目，屋内的 21 幅彝族风情绘画浓缩经典：彝人制作披毡、妇女背水纺线、毕摩祈福禳灾等应有尽有；摔跤、爬杆、斗牛、赛马等节庆活动包罗万千；彝族传说中统治阴间的恩梯古子、居住在阴阳地界处的格史阿约等传奇人物栩栩如生……生动展现了彝族人民的生产生活、节庆民俗等各方面内容。

村委会外还有一组支格阿龙射日的浮雕，只见支格阿龙身披盔甲，昂首跨马，弓箭满弦，瞄天对日。在彝人传说中，古时，天上有六个太阳七个月亮，把大地烤得寸草不生，不分昼夜。后来，出现了一位英雄支格阿龙，他天生神力，用一把大弓射掉了五个太阳六个月亮，才使得大地万物复苏，人畜兴旺。

"每个民族的优秀文化都是世界上伟大、悠久的历史积淀。"负责创作和绘制这些图画的布拖民族小学美术专职教师吉力色沙说，如何把布拖县厚重、浓郁及富有阿都地域特色的彝族文化在图画中体现出来，是他一直思考的问题。

"从来没有人以绘画的形式再现这个（火把节）传说，这是实实在在的创作。"吉力色沙说，为了浅显易懂地再现这个故事，他有三个月天天泡在村民活动室里。经过无数个日夜的煎熬，有关

火把节起源的壁画终于呈现出来。

"不用哪个介绍，彝族老百姓一看就懂。"村民阿里尔杰说，通过壁画，他完整地了解了火把节的起源。

全州首个村级彝族阿都文化站

布拖县是彝族北部方言区新址地区阿都文化的核心地之一，不论是文化墙上的图案还是民居建筑都体现着彝族阿都文化的风格。

2013 年，在打造日嘎村活动中心时，布拖县主动对接政策，成立了凉山州首个村级彝族阿都文化站。文化站里的文化厅陈列着从刀耕火种时期的打火石、蓑衣、石磨等农耕工具，到器具木制口弦、彝族特色服饰、彝文经书等包罗万象的彝族传统生产生活用品，走进文化展示厅就犹如翻开了一本厚重的历史古书。

彝家新村

日嘎村村民活动中心

布拖县民族宗教事务局原局长、文化站最初的设计师阿都日以向我们介绍，日嘎村文化展示厅目前共有文物210余件，其中95%来自于民间征集，征集的基本原则是：来自百姓生活，回到百姓生活。为此，远至邻县接壤的村，近到特木里镇，但凡有彝族人居住的地方，他们都去过。

征集，也讲缘分。阿都日以曾有一段时间为了搜集蓑衣四处走访，一直没遇到合适的。但在搜集蓑衣的过程中，他却意外发现了一个古朴的石磨板，从磨板主人的爷爷那代就在使用了。后来，几经辗转，这个古朴的石磨板如今也陈列在了文化展示厅内。

因为经费、人手有限，阿都日以只得经常拜托亲戚朋友、基层干部上山下乡时帮忙寻找。"展厅那件格子衣服，是直接从一个老婆婆的身上买下来的。"阿都日以说，这种古典样式的服饰现在很少见到了，这也是目前展示厅里最贵的物品，价值约5 000元。

"我们的目的是讲述彝族阿都地区的历史，没有现成的我们就还原。'梯丝'就是在还原中诞生的物品。"据彝族文献记载，"梯丝"类似于汉族的脚镣，主要用于锁住奴隶防止逃跑。实物早已没有踪影，但村民阿比次比说他6岁时曾见过，便根据他的记忆制作了缩小版的"梯丝"。

"随着时代的发展，在社会经济的冲击下，彝族的许多传统文化正在悄然流失，保护、传承、挖掘优秀传统民族文化就是建立这个文化展示厅的初衷。"布拖县文化广播和旅游局局长吉安扯日说，只有让更多的人了解彝族文化，才能更好地保护和传承，因此文化展示厅白天免费开放，当地老百姓、外地游客都来看过。据统计，近年来免费参观者已达上万人次。

绿色产业与文化并进

日嘎村距离特木里镇不远，地处布拖坝子一带，应该说，不管是交通还是气候条件，比起高山地区的彝家村落都具有优势。但在过去很长一段时间，由于缺乏科学的规划和指导，当地小规模种植、分散种植、低水平种植的现象较多，马铃薯、玉米、荞麦、花椒、圆根萝卜……村民们想起什么就种什么，产量和产值一直不高。

银饰盛装喜过节

日嘎村彝族阿都文化展示厅

"以前我们村是啥都种，但啥都种不好。县上和乡上帮我们找准方向，并对我们进行指导后，收成就好多了，卖的钱也多了。"阿古次合说。

乡村振兴要靠产业，产业发展要有特色。近年来，结合布拖县整体农业产业发展的思路，在布拖县委、县政府的指导下，当地党委政府积极和

县上相关部门对接，帮助日嘎村调结构、换产业，最终找准了马铃薯、荞麦这两大农业产业作为日嘎村的支柱产业，并实行规模化种植。

日嘎村第一书记海来能七说："日嘎村适合种植的农作物还是挺多的，但综合考虑，目前最重要的两个产业还是马铃薯和荞麦，再加上土地流转，带动了村民致富。"

苦荞被誉为"东方神草"，具有明显的降低血脂、血糖、血压的作用。布拖县地处高寒山区，独特的地理、气候条件和广袤的土地，为苦荞麦的种植和生长提供了先天优势，布拖彝族种植苦荞更是有着悠久的历史。而且据专家检测，生长在海拔2 300~3 400米的布拖苦荞与其他苦荞相比，在含有丰富蛋白质、B族维生素的同时，芦丁类强化血管物质、矿物营养素、植物纤维素等各项指标均居榜首。布拖苦荞也因此常常供不应求，"火把圣地苦荞粉""建茂苦荞系列食品"等成了馈赠亲朋好友的绿色保健食品之选。

2019年，布拖共种植苦荞48 500亩，产量约7 164吨，实现销售收入2 865万元。日嘎村对接全县发展战略和特色产业，坚持"产村相融"理念，抓好产业发展，依靠马铃薯、荞麦"两驾马车"，努力实现新村带产业、产业促新村，2019年日嘎村人均纯收入达到5 150元，日嘎村村民们的日子在一天天好起来。

青光村山林中的古道还保存完好

青光村 古道上的茶乡

撰文、摄影／邓平模

广元市青川县青光村藏身于川甘两省交界的群山之中，全村有林地 42 000 多亩，森林覆盖率达 85%。在这片或陡峻或和缓的山岭中蜿蜒着一条古老的商道，汉、回、东乡等民族在此栖息，民居和一片片茶园散布其间。

青光村有 4 个组 1 669 位村民，其中约 60% 为回族，是青川县蒿溪回族乡的主要回族聚居地。2017 年 3 月，青光村被国家民委命名为"中国少数民族特色村寨"。

古道

青光村是蒿溪回族乡的场镇所在地，每月逢 3、6、9 日赶集。2020 年 6 月 3 日，我来到青光村，适逢赶集天，但茶叶采销季节已过，村民大多外出务工，集市并不算热闹。

过去的赶集场镇十分繁华，这有蒿溪回族乡的乡志为证。据记载，从清末到民国年间，除了年节，当地每年三月三的牛马赛会极为盛大。是日，远近乡民们披星戴月、牵骡马赶牛羊来到蒿溪场镇的较场坝，比肥赛壮并进行交易。市场上牛哞马嘶，人头攒动，摩肩接踵，蔚为壮观。来自昭化、梓潼、中坝（江油）、涪城（绵阳）、碧口（属甘肃省）等地的商人，穿长袍马褂，肩负褡裢，流连集市，物色牲口，袖中交手，议价交易。场镇另一头的山货市场上，核桃、木耳、香菇、天麻、杜仲、茱萸、麝香、熊胆、猴结、乌药、茶叶等物资丰富，购销两旺。贸易还助推了服务业，场镇上的茶馆、烟馆、酒肆、餐馆、客栈、马厩一应俱全，热闹非凡。

是古道催生了集市的繁荣。"川茶自汉代起至唐代，便运往武都（今甘肃陇南）销售，除阴平道外，从四川省的青川县过蒿溪，翻越碧山到碧口，沿白龙

如今的黄土梁关口

位于青光村的蒿溪场镇

江达武都郡、文州"（《武都地区交通史》）。我在青川县博物馆的茶叶专题陈列中看到的这句话，道出了古道的走向。这是一条连接川甘的商贸要道，位于青光村的蒿溪场镇则扼守在两省交界处，是出川前的最后一个重要驿站，繁华是理所当然。

俱往矣，随着社会和交通的飞速发展，我想着，古道已经湮没在荒山野岭中、被杂草林木"收复"了。但在青光村4组，看完村民赵云家的传统民居后，他指着门口的公路说，这就是以前的古道路线，由此上山，山中的石板古道还保存完好，垭口还有卡子（关口）等遗迹。

这真是意外之喜。由赵云带路，我们往垭口行进。水泥公路很快到了尽头，再由土公路接力往山上延伸，走了一段，赵云引领我右拐步入小道，原汁原味的古道呈现在我们眼前。它并没有被杂草林木"收复"，因为当地山民劳作或放牧时还在上面走。我曾走过川藏茶马古道、南方丝绸之路和古蜀道，相比之下，脚下的古道在修建规格和质量、留存情况上都算不错。大部分古道由灰白色的石头铺成，大块、厚实、平整，在烈日下反射着刺眼的白光。途中有一块约两米长、尺余高的大石，赵云介绍说是供行人放置行囊、坐着休息的。

石阶层叠而上，共有1 351级，引领着我们来到关口。这里两山夹峙，形成V字形的黄土梁关口。顺着两边的山脊，有用石片层叠起来的关墙，两边墙体在关口处汇合，并在此设了一个两三米见方的关门，关门以南为四川，以北为甘肃。当地村民还给我看了一张民国时期的黄土梁老照片，关墙整齐，关门完好，但山体植被稀疏。相比之下，现在的山体完全被茂林覆盖，关门上方的横梁和墙体已经不存，2008年"5·12"汶川特大地震导致关口西侧的墙体部分坍塌，变化很大。

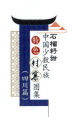

我走过厚厚的关墙跨入甘肃界，看见一块碑，上刻文字：联合国教科文组织白水江生物圈保护区、中国甘肃白水江国家级自然保护区……2004年8月立。我看碑时，身旁的草丛中传来窸窣响动，扭头看去，一只羽毛艳丽的雉类消失在丛林深处。再想起一路上的鸟鸣声声，溪流中的鱼翔浅底，公路边晒太阳的大蛇……这里确实是野生动物的乐土啊！

与甘肃界的白水江保护区相对应，四川界是省级东阳沟自然保护区，涵盖了青光村的部分区域，栖息着大熊猫、黄麂、盘羊、金丝猴、小熊猫、云豹、斑羚、朱雀、星鸦、山椒鸟、太阳鸟、红腹角雉等珍贵野生动物。

黄土梁关口距离菁溪场镇12.5公里，赵云说，过关口后，走一个半小时就能到达甘肃省文县碧口镇的李子坝，继续前行，过青崖关、磨子坪、悬马关，就到了商贸重镇碧口（属陇南市文县）。

除了日常商贸往来，古道上还闪现着金戈铁马、政治风云。据说当年邓艾走阴平故道奇袭蜀国，乃是兵分三路，除了通常认为的翻越摩天岭的主道，还有"阴平斜径"，可能就有我们脚下的这条古道。黄土梁海拔1423余米，翻越难度比摩天岭（隘口海拔2227米）低，同时又避开了防守严密的白水江—乔庄一线，无疑是合理的选择。

到了近代，古道再次与重大历史事件发生关联。1935年，红四方面军长征时就走这条古道北上，黄土梁关口的南北两面外侧均遗留有当时挖的战壕；1949年12月18日，中国人民解放军182师550团从碧口出发，也是翻越黄土梁关口，解放了青川。

古道也促进了人口迁徙和文化交流。据青川县档案记载：该县境内的回族，是在元明两代从甘肃、陕西、四川南坪（今九寨沟县）等地迁入的。

古建

菁溪场镇四面环山、两溪交汇，它兴起于明万历十八年（1590年），已有四百余年历史。今天，站在高处远观，场镇建筑已经完全现代化，只在边缘的矮半山上，矗立着传统风格的清真寺，树林中隐隐露出一座高塔的六角形拱顶，那是省级文物保护单位广惠亭。过去，场镇外还有一座高大的字库塔，可惜已坍塌。

菁溪清真寺始建于六百多年前。菁溪乡乡志上有一张清真寺的老照片，它位于场镇西端，是一长排青瓦白墙的民居式建筑，有房屋7间。2008年"5·12"汶川特大地震中，清真寺建筑遭到破坏，援建部队用彩条布搭起了帐篷式清真寺作为过渡。在各级党委政府的支持和当地穆斯林群众的努力下，新清真寺选址在场镇后方的半山腰，于2010年3月奠基重建，2017年竣工。

在青光村党支部书记闵生平的引领下，我来到焕然一新的清真寺前。这是一座仿明清风格的建筑，两层四柱三门的牌坊上书有"菁溪清真寺"字样，坝子里五星红旗迎风飘扬。拾级而上是清真寺的主体建筑——礼拜殿，大红的柱头，蓝色的琉璃瓦顶，斗拱繁复，高大壮观。礼拜殿大门上的对联写着"爱国爱教与时俱进 弘扬民族优良传统"。殿堂简洁大方，干净敞亮。因为疫情，礼拜殿尚未开放。据在此值守的锁姓阿訇说，新清真寺的设施和功能都很完善，除了大殿，还有生活办公区、水房、小广场等。闵书记打开

蒿溪清真寺

手机相册，是他过古尔邦节时拍的，照片上穆斯林群众在礼拜殿前的广场上聚餐、欢庆，气氛和谐而热烈。

与清真寺相邻的广惠亭古柏参天，古色古香。

广惠亭古建筑分为院落和古亭两部分。院落卵石砌坎，青砖为栏，花木扶疏，民房古朴，挂有清朝和民国时期的古匾数块，古意浓浓。古亭即广惠亭，近年得到过修缮，共四层，每层均有六角顶，饰以斗拱（底层为砖仿，上面三层为木制），底层的砖雕素朴精巧，上面三层的木构繁复艳丽。

红四方面军总指挥部旧址

清真寺里的民族团结宣传标语

青光村部分人家还保持着传统民居的格局和生活

在院落和古亭之间的庭院里，生长着 10 株参天古柏。这些古柏树龄在 100~450 年间，最古老的两株高约 20 米，树身上爬着古藤。古树与树下的《清真根源》《重建五龙山碑记》等古碑辉映，见证了时光和沧桑。

前院挂着有"红四方面军总政治部、总指挥部旧址"字样的牌子，那是一段红色的记忆。1935 年 4 月，中国工农红军第四方面军第 30 军由江油经青川县七佛等地进入蒿溪，第 31 军也从该县的乔庄到达蒿溪。红军的到来让这里热闹不已，并得到守园人苏世昌的接纳，广惠亭的三间北房成了红四方面军的总政治部、总指挥部和库房。红四方面军总指挥徐向前、政委兼总政治部主任陈昌浩、红 30 军政委李先念等都曾在广惠亭的民房居住，徐向前在此挥毫写下"万国九州都革命，五湖四海是红军"。当年 4 月 11~29 日，他们在此部署指挥了平台山、悬马关、摩天岭等

战役，还组织发动群众，宣传建立苏维埃政权、打土豪分田地。在红军宣传革命的影响下，山民马登文为红军运送弹药，不少青川人参加红军，其中马成尹等 9 人在长征途中牺牲，被青川县人民政府追认为烈士。

除了清真寺和广惠亭，今天蒿溪场镇的建筑都已现代化，但在民间还保留着大量独具特色的川北民居，如青光村 4 组赵云家的老宅，是 1980 年修建的虚脚楼（两层吊脚楼），用楠木做的高大门槛，松木做的梁柱和墙板，绿泥石片和砂质页岩砌建的地基、石阶、堡坎，屋内的火塘、木桶、石缸……尽显传统民居的精良工艺和独特韵味。

茶乡

茶叶等物资在古道上流通，茶树也在古道边落地生根，让青光村成为远近闻名的茶乡。

如今的村民们已说不清茶树是何时开始在这片土地上生长的，只知道当地历史上就种茶制茶，余家湾的百年老茶树就是最好的证明。20 世纪 60 年代的"农业学大寨"浪潮中，茶园规模有所扩大。2000 年的退耕还林（茶）政策又是一个良机，国家无偿提供茶种，每亩还有 210 元的补助，大大调动了村民们的积极性，"凡是适合的地方都种上了茶。"闵书记说，这让青光村的茶园面积增加到 1 000 余亩。后来，汶川特大地震灾后重建时，又通过政府补助等方式鼓励村民继续扩大种植。经过数十余年的发展，青光村的茶叶种植面积已达到 4 461 亩，其中有效采摘的为 2 854 亩，成了"川北茶叶之乡"。

青光村村民在采摘茶叶

　　家住者家山下的者天华是青光村的茶叶大户。据他回忆，20世纪60年代，他的父亲从山那边的甘肃省文县李子坝来到青光村落户。那时青光村的集体土地多种粮食，茶树只种在自家的自留地，规模不大。到80年代初包产到户后，才渐渐扩大种茶面积。李子坝的茶业更成熟，父亲从老家带来先进的种茶和制茶经验，将自家的茶园面积扩大到十余亩，逐渐成了村里的种茶大户和带头人。

　　1966年出生的者天华就是在那时涉足茶产业的。他学着管护茶园、采茶、搭灶、炒茶……为解决手工作业的低效问题，1995年他购买了一台二手茶叶揉捻机，雇了六七个人才将这个400公斤重的铁家伙翻过黄土梁抬回家中。有了机器，效率大大提高，他开始收购村民的鲜茶叶进行加工。这台1983年出厂的茶叶揉捻机至今仍在使用，加上他后来在国家补贴政策的帮助下添置的杀青机，还有生物燃料机、炒干机、扁茶炒制机等设备，他的家庭茶叶作

茶叶大户者天华和他的第一台制茶机

坊越来越完善。如今每年 3 月初至 5 月上旬，者天华都要从村民那里收购茶青 30 余吨，再制成 7~8 吨的上品龙井、雀舌、素毛峰，销往甘肃兰州、陇南等地，不仅自家致了富，也缓解了村民卖茶难的问题。

目前，青光村只产春茶。2020 年 6 月初我来到者天华家时，他已经忙完了一年的茶事。我走过大片的茶园，罕见采茶人，只在通往黄土梁的古道旁，碰到了赵金莲和她丈夫。赵金莲说这一带是青光村的老茶园之一，她家的这些茶树是 20

世纪 70 年代种植的，2020 年的新叶发得很好。往年这个时候早就没人收茶了，但 2020 年因为新冠肺炎疫情，村里留守人员增多，收茶时间也有所延长，今天听到了收购信息，他们赶紧上山来采摘。

茶叶采收季太短，这是让赵金莲们苦恼的问题。据蒿溪乡党委副书记马冬梅说，为了延长采茶季，政府部门正积极与生产边销茶的雅安茶企联络，以开拓当地的夏秋茶市场。与此同时，为了打好基础、练好内功，村里号召村民或组织志愿者在春耕春旱中浇灌茶园，清理老茶园杂木，邀请专家现场指导，以加强茶园管护，提升茶叶品质。

2020 年是一个特殊的年份，虽然市场受到影响，但茶农们却心系疫区。马冬梅说，2020 年 4 月，青光村村民向武汉捐献了 17 960 元善款，还参与了该乡向武汉市捐赠一吨春茶的善举。这些饱含爱心的茶叶，被人们称为"团结茶"！

风情彝乡　秀美烟峰

撰文、摄影／本石巫果

　　烟峰，彝语称"雅宏"，位于乐山市马边彝族自治县西南部，距县城25公里，是进入四川马边大风顶国家级自然保护区的必经之地，是一个历史悠久、人杰地灵、风光秀丽、宜居宜游的"世外桃源"。

　　从马边县城出发，一路沿马边河行驶，经永乐风情小镇、苏坝场镇、官帽舟水电站库区、梅子湾大桥等地，大约40分钟的车程便到达烟峰彝家新寨。

马边火把节"东方狂欢夜"（本石巫果 摄）

据镇干部阿支石布介绍，"烟峰"已有400多年的历史，故有"先有烟峰后有马边"之说。早在明朝就有汉族先民在此屯垦，明万历十七年（1589年）在此建烟草峰石城，设守备司。清乾隆二十九年（1764年）年建乡建场。民国初年废乡废场，通宁垦社在此经营。1952年建烟峰乡。1958年更名为"八一公社"，俗称"烟峰公社"。1984年恢复乡制。2014年，经四川省政府批准，撤乡设镇。

"烟峰社区位于镇政府所在地，属彝族聚居区，总面积10平方公里，辖5个村民小组，共有459户2150人，其中，贫困人口149户697人，2017年就已退出贫困村序列，2019年人均纯收入超11 400元。"社区主任曲木马石说。

沿通寨大道而上，便进入新寨核心景区。大道右边是浮雕墙，上面有百余幅彝族神话传说历史人物画及简介。画名用彝汉双语文字书写，图画经雕刻后用金色颜料绘成。内容有彝族神话史诗六祖分支、麒麟的后代马琴斯日、战场上的英雄阿素斯日、岩上学人叫的热地素夫、美丽聪慧的仙女紫孜妮楂、倾国倾城的彝族美女甘嫫阿妞等。细细品读那上面的一幅幅简介，就能了解彝族古老的历史文化，领略彝族深厚的文化底蕴和丰富的文化魅力，找回儿时长辈们讲述各类传说故事的记忆。

进入新寨，看到住房结合了民族传统与现代建筑特色，村落总体布局遵从自然，错落有致，呈簇团式分布，其间以路、水景观和绿化带相隔。262户居民每户房屋面积均在110平方米以上，家家有厨有卫有气有圈，户户有路有绿有坝有园。

镇干部木从阿莎说，新寨集中点背依烟峰山，前临大院子河，东望老鸦山，西眺大风顶。由南寨、北寨、民族文化展示区、民俗商业街区和周边山地田园组成，总面积约1平方公里，总投资 1.2 亿元，是目前建成的四川最大的彝族聚居村寨之一。

行至民族新村碑石，分路下行 100 多米，便到民族文化展示区入口。

入口牌门由六根立柱支撑，上有平台和人字形顶篷，只要有贵客和来宾光临，热情好客的彝家儿女便在牌门处敬上亲手酿制的美酒，以示欢迎和祝福。

八方历盘广场能容纳几万人，正中是高大的彝族三锅庄，周围是八方历盘和十月太阳历，是社区居民开展文体活动、展示民俗文化、健身娱乐的主要场所。每当有篝火晚会或集体舞，无论是否认识，都可加入其中，手牵着手，热情奔放

地跳上一曲锅庄舞、达体舞、阿诗且，在享受美妙乐曲的同时交友、健身。

社区党群服务中心是社区"两委"办公和群众办事的地方。走进办公室，墙上挂着"四川省乡村旅游精品村寨""四川省民族团结进步创建活动示范村寨""乐山市市级文明社区""乐山市巾帼文明示范村"等荣誉奖牌和党支部"三会一课"、村级民主议事、彝族文化普及基地管理、村规民约、卫生保洁、目标考核等规章制度，成立有一事一议、红白理事、社务财务监理等机构。曲木马石介绍说，烟峰村 2017 年还被国家民委命名为"中国少数民族特色村寨"。

民俗文化博物馆是全木结构的彝族穿斗式建

马边县烟峰乡烟峰社区全景

彝绣、织布展示

对歌

筑。馆内收藏有家具、服饰、首饰、经书、祭祀法器、农具等彝族生产生活和民族信仰文化器具138件，直观形象、原汁原味地展现了彝族独特的生活习俗、民族信仰文化、建筑艺术。据悉，该馆由乐山市商业银行股份有限公司捐资200万元修建，于2013年10月建成，占地面积182平方米。整栋建筑由54 896（条）块木头穿斗、拼接而成，不用一颗钉子、一滴胶水，结构坚固，浑然一体，是彝族传统建筑艺术的结晶，是彝族献给世界的又一文化艺术瑰宝。这种建筑没有图纸传承，全凭工匠师徒口手相传，据了解，目前掌握此种建造技术的彝族工匠已不足10人。

彝族有崇拜鹰的传统，烟峰社区里展翅腾飞的雄鹰雕塑就是最好的证明。相传在彝族生子不见父的时代，有一天，彝族姑娘浦嫫妮依坐在自家门口织布，天空中飞过一只雄鹰，落下三滴血沾在她裙子上，于是怀孕生下了支格阿龙。所以，鹰成为彝族传说中神灵的化身，成为支格阿龙部落的图腾，也逐渐成了彝族人的图腾。

支格阿龙射日月雕塑呈现的是一个彝族汉子正在拉弓射箭的形象。相传很早以前，天上有六个太阳七个月亮，人间受尽苦难。支格阿龙为人类造福，射掉了五个太阳、六个月亮，并只许太阳白天出、月亮晚上出，从此人们过上了幸福生活，支格阿龙也成了彝族人心目中的大英雄。

碉楼为三楼一底四层建筑，高约 20 米，建筑造型灵感源于古碉堡、战士头盔、妇女的裙摆和发髻。它既是民族文化和精神的载体，又是人文、历史和风景的陈列馆，还是彝家新寨的观景台。一楼主要反映彝族的起源、分布、历史人物和大风顶保护区自然风光；二楼主要展示手写彝文手机、音乐、舞蹈、毕摩等彝族科技文化和漆器、银饰、皮具等传统生产生活用品；三楼主要展示滇西、红河、大小凉山、乌蒙山等地的彝族服饰；顶楼可以将烟峰彝家新寨一览无余。该碉楼由四川和邦集团公司捐资 100 万元修建，于 2013 年建成。

七彩文化连廊是彝家新寨百姓休闲娱乐和非物质文化遗产传承、展示的地方，呈"厂"字形，长约有 200 米。连廊以红、黄、黑三种颜色为主色调。房顶的七种色彩寓示着彝族同胞在党的领导下过上了多姿多彩的幸福生活。

与民族文化展示区隔沟相望的民俗商业街区，沿商业街大道由下而上，有停车场、游客中心、商业街、演艺广场、商住两用欢乐彝寨和运动场。在商业街，可为亲朋好友采购价廉物美的茶叶、竹笋、乌梅、猕猴桃、香肠、腊肉等马边原生态农副土特产品。

村落周边还有茶园、果园、蔬菜基地、养殖基地等，游客可到田间地头感受种植、采摘和饲养体验。

曲木马石说，烟峰彝家新寨集吃、住、行、游、购、娱等功能为一体。社区目前共有彝家乐 3 家、饭店 3 家、麻辣烫店 10 家、商铺 28 家、旅游客栈 1 家、民宿达标户 8 家。在游览美景、采购山货之余，还可到彝家参观了解彝族生产生活习俗和风土人情，可饱食彝族坨坨猪、坨坨鸡、羊肉汤、泡水酒、荞麦粑、苞谷粑、马铃薯、豆渣汤、酸菜汤等独特美味。

"我第一次到马边来，这里民族文化底蕴深厚，风光秀丽，民风淳朴，空气清新，是一个来了还想来的好地方。"一位来自成都的游客如是说。

烟峰镇镇长龚清成说，社区境内尚未开发的景点还有烟峰旧城遗址、烟峰死火山、烟峰小三峡。关于烟峰旧城，有"周二百二十丈，东西南北城楼四座"的记载，现在城墙和周边的战壕仍依稀可见。烟峰死火山，位于海拔 1 980 米的烟峰山山顶，山顶中央有若干年前火山喷发后塌陷而成的 500 亩洼地，游客可步行爬至山顶，这里还是俯瞰彝家新寨和官帽舟水库的最佳位置。烟峰小三峡，因地形地貌酷似长江三峡而得名，小三峡两岸悬崖陡壁，峡长水急，适合跋涉、漂流。

烟峰镇党委书记曲别布日说，烟峰社区高度重视非物质文化遗产的传承工作，组建了民俗文艺表演队伍，注重文旅结合，以文促旅。曾先后配合县委、县政府和县级文旅部门，在四川·小凉山（马边）首届火把节暨烟雨高峰小凉山风情狂欢节、彝族年节庆、首届乡村旅游试验暨民俗文化表演、"美丽马边行、马边欢迎你"民俗文化展演等重大文旅活动中，展演展示了口弦、月琴、马布等民间乐器的吹拉弹奏，阿诗妞牛、阿惹妞牛、阿依妞牛、口诗等两人对唱，上刀山、下火海、彝绣、纺织等民间绝技绝活，泼水、摔跤、抢新娘、

烟峰小三峡

背新娘、换童装成人礼、阿依美格、毕摩祭祀、啃萝卜、拾鸡食、翻木棍等民风民俗，达体舞、阿诗且等大众广场舞。精彩的吹拉弹唱，让省内外广大游客陶醉，绝技绝活表演让游客称奇，民风民俗展示让游客大开眼界。

曲别布日表示，今后，镇党委政府将竭尽全力支持烟峰社区实施乡村振兴战略，走文旅融合、农旅融合发展之路，打响"中国少数民族特色村寨"的品牌，推动社区又好又快、持续健康发展。

外地游客来到烟峰

游客购买农特产品

白草河畔

大鹏栖息　大鹏展翅

撰文、摄影／邓平模

青山掩映中的大鹏村

沿白草河而上，在支流龙藏河汇入处左拐进沟，我们便来到绵阳市北川羌族自治县桃龙藏族乡。大鹏村扼守在龙藏沟沟口，放眼望去，但见两岸青山之中，一幢幢独具特色的吊脚木楼错落有致，仿佛栖息山间的大鹏鸟。

桃龙是藏族乡，但大鹏村则是以羌族为主的多民族杂居村，有羌族574人，占总人口的69.4%；藏族83人，约占10%，各族人民在此安居乐业，发展生息。2019年12月，大鹏村被国家民委命名为"中国少数民族特色村寨"。

生财有道

中药材种植是大鹏村的主要产业，公路边处处都是躯干高大、叶形漂亮的厚朴树。见一辆满载圆木的货车与我们擦肩而过，村党支部书记谢斌告诉我，那是被剥完皮后伐下的厚朴树干，可以当木材来卖，材质很好。

盘旋上山，通达各家各户的入户公路将我们引向张月松大爷家。这是一户典型的山居人家。家门前的公路靠山一侧，用条石砌起美观整齐的堡坎，坎上沿边角种了一长溜矮茶树，既保护田坎，又保证了自家的用茶，还是一道美丽的微田园景观。堡坎上方是张大爷家的耕地，除了少量玉米，其余均让位给中药材和经济林苗——淫羊藿、重楼、白芍、赤芍、白芨、牡丹、百合、黄精、红豆杉……不一而足。

一块药地中育着密密的细叶小苗，张大爷告诉我这是铁皮石斛，他非常钟爱的一种药草。但他家最苗壮的铁皮石斛生长在院子里，最大最老的一棵苗龄有10多年了，蓬勃丰茂一大丛。旁边还有十多个花盆里的铁皮石斛呈一字形排开，苗龄也有10年了。

张大爷算得上是大鹏村里最早种植铁皮石斛的人了，他的铁皮石斛都由最大最老的那棵繁育而来的。张大爷说，他素来喜欢栽花种草，十多年前在相邻的小坝镇赶集时，见有人抱了一盆奇花异草，张大爷喜欢它的叶形，觉得有观赏价值，便想买。但那人说这是"黄草"，是送给一户乡民配药用的，不卖。正巧，后来这户乡民找到张大爷帮忙嫁接药木，此时的"黄草"已经被分成了三株，得知张大爷喜欢，便以一株相赠。张大爷这才知道它的学名叫"铁皮石斛"，是十大名药、九大仙草之一。张大爷将珍贵的铁皮石斛种在了院子一角的台坎上，精心培育。十多年间，这株母草不仅茁壮成长，更繁衍出无数子草。张大爷还没卖过铁皮石斛，现在打算卖一回，预计光这株母草就可以剪出 1.5 公斤药材来。

和张大爷相比，村民刘跃宣年富力强，种植规模更大。刘跃宣祖籍茂县渭门乡，祖上迁到大鹏村后已经在此生息繁衍了八代。刘跃宣善于学习，村上开办了农民夜校，他一堂课都没落过。大鹏村的农民夜校非常接地气，先做调查统计，根据村民的生产生活需要安排讲课内容，授课老师既有专家教授、机关干部，也有农机人员、"土专家"等，授课地点从教室到田间地头、养殖场，内容涵盖法律法规、实用技术、医疗保健、安全常识、生态环保等，解决了村民们种不好、防虫治病难、收成不好等许多实际问题。2019 年，大鹏村农民夜校被四川省委组织部命名为"农民夜校示范学校"。

除了在家乡学习，刘跃宣还多次参加乡、县组织的外出考察，他去梓潼、射洪考察学习芍药种植技术；去仁寿、郫县中药材公司学习石斛相关知识；去平武学习乡村旅游经验……他说："启发很大！"回来后他将从前的一二十亩玉米地改种中药材，成了村里的种植能手，他尤其擅长前胡的种植，经常热心为村民们提供技术

张月松大爷家的院子里种满铁皮石斛、百合、牡丹、红豆杉苗

大鹏村民居

支持。

如今，大鹏村有 4 个组大量种植中药材，全村有黄连、厚朴等中药材 2 400 余亩，银杏等苗圃 1 000 余亩。

中药材和苗圃种植易上手，但时间长、见效慢。相比之下，养殖业见效快，这也是大鹏村的另一重要产业。

张月松大爷家的房檐下挂着蜂罩，屋后的堡坎上放着 7 只蜂桶，他说一年只取一次蜂蜜，品质纯正。住在对面山上的女婿廖红强年轻能干，养了 110 桶蜂，年产原蜜约 250 公斤，

硬化路通达各家各户

自主销售，也给绵阳的超市供货。养蜂只是廖红强开办的精笙家庭养殖农场的小业务，大型家畜饲养才是他的主打，最多的时候他的农场养了50头驴子、100头猪、4头牛。他谦虚地说，村里有好几家大户养了两百头猪呢。

廖红强当过兵，退伍后开过车，又和妻子一起在海南三亚的建筑工地打工3年。虽然年收入也在10万元上下，但在自身意愿和家乡政府的引导下，三年前，夫妻俩还是一致决定回乡创业。

廖红强是大鹏村里唯一的养驴户。他看中驴子身体抵抗力强、市场供应不足的特点，专程到山东买驴，用货车分三次运回50多头。经过多年摸索培育，如今他的农场已实现驴的自我繁殖，不用再去山东购买。他的驴以当地的玉米、秸秆、野草为饲料，2~3年可以出栏，每头毛重200公斤左右，可以卖到1万~1.2万元。

走进廖红强的养殖场，只见小猪仔们正围着母猪拱奶；几头驴、牛大着肚子，即将生产，一派六畜兴旺的景象。这是廖红强开办农场的第3年，迎来成熟丰收期，又逢猪肉价格上扬，

为他带来不错的收益。廖红强笑着说："这比以往在外面打工都要强。"

作为养殖致富带头人，廖红强的农场还带动部分困难群众务工，成为大鹏村农民夜校教学实践基地，起到了很好的示范引领作用。

和煦乡风

和廖红强聊天的时候，他的妻子张高莹做完了活，走过来坐在丈夫身旁，聆听、点头，夫妻俩尽显小家庭的和睦与甜蜜。走在大鹏村里，也能处处感受到淳朴热情、团结友好、积极向上的和煦乡风。2018年，大鹏村被评为"四川省十佳乡风文明村"，后又被评为2018年度省级"四好村"、村党支部被评为"四川省先进党组织"。

据桃龙乡党委书记熊英介绍，桃龙乡和大鹏村领导干部以身作则，大到遵纪守法，小到清洁卫生，都带头担当。同时，借助民间力量促进乡风文明建设，聘请老党员、乡贤组成"红白理事会"、道德法纪评议堂，印发移风易俗实施方案，定期评选五星级文明户，纠正大操大办、等靠要、高额随礼等陋习，调解纠纷，树立模范，带动群众，取得了良好效果。

廖启康是在桃龙乡卫生院工作的大鹏村人，是大鹏村道德法纪评议堂的评委之一。他说，大鹏村于2016年设立道德法纪评议堂，由党员、退休干部、群众代表等8人组成评委，都是德高望重、办事公正、热心公益之人。在农户自评、村民互评后，评议堂于每年11月底至12月初依据村规民约、道德准则、法律法规等，对村内好人好事、言行举止、发展致富、清洁卫生、遵纪守法、生态文明、项目资金使用、重大决策等

沿白草河而上，就能到达大鹏村

进行全面评议，选出优秀，包括文明户、好公婆、好媳妇、致富带头人等，并在年末的望果节上授牌颁奖，该评选活动已举办四届。值得一提的是，这些奖项只有奖状，没有奖品，却在村民中极具影响力。

为了做好扶贫济困、排危抢险等工作，大鹏村还成立了"蒲公英志愿服务队"，有志愿者70余名，不定期开展志愿服务活动（2019年开展20余次），营造了"我为人人，人人为我"的良好社会风尚。村党支部书记谢斌也是服务队志愿者，他将自家的能繁母猪送给贫困户王月清，帮助该户仅当年就收入2.3万元，顺利脱贫。

政府与民间齐心协力，和煦乡风吹拂大鹏山村。

山居生活

很多药草既是药也是观赏植物，可以将山民们的居住环境打扮得更加漂亮。可惜我来得不是时候，6月初，张大爷家的院子里，牡丹、芍药花期已过，铁皮石斛的细枝上立着一个个尖尖的花蕾，还有一周才开花。张大爷说它的花很好看，近似兰花，尤其是十多盆一起绽放时，美不胜收。

廖红强家养殖场里的驴

铁皮石斛的花可以入药，还可用来炖肉、煲汤、泡水喝。

大鹏村的民居极具地方特色，张大爷的家也不例外。山上少平地，借着山势，山民们建房时往往将房子与山体垂直，将地基掏挖成两级阶梯状。上一级阶梯深，为房屋主体；下一级阶梯浅，以片石堡坎、杉木为柱，青冈木做楼板隔层，就形成了上下两层的吊脚楼。楼下养猪、牛，以前不通公路时还养马作为交通工具；楼上住人，人畜分离，合理分区。

大鹏村几乎保存着清一色的这种穿斗木架青瓦吊脚楼，它使用当地木材，山墙上裸露的井字形穿斗结构、厚实高大的门槛、梁柱间不用一钉一铆的巧妙衔接、门楣上的木雕圆瓜……无不富有传统手工的美感，与山清水秀的背景和谐相融。

这样的房子，其坚固程度和寿命也超乎预期。大鹏村 7 组杨友春家的房子看上去颇有些年头，

廖红强家的养殖场是村里夜校的现场授课地之一

1946 年出生的婆婆也说不清它的年代，估计在一百年以上，目前仍然非常结实。在 2008 年"5·12"的汶川特大地震中，大鹏村的民居摇晃也非常厉害，屋顶瓦片如筛中大豆般跳动、碎落，但民居骨架在左晃右摆之后站定下来，全村没有一幢民居倒塌，没有人员伤亡。这不得不让人感叹传统民居的智慧。

近年，在政府主导的人居环境提升工程中，大鹏村的基础设施得到全面改善，人居环境得到大幅提升。全村全覆盖实施"两改一建一人"项目，对 168 户的厨房和厕所、124 户的房屋、27 户的庭院进行了提升改造，为 238 户农家修建入户路共 52.57 公里，新建灌溉池及人畜饮水池 11 口，实现了卫生室、文化室和通信网络全面达标。

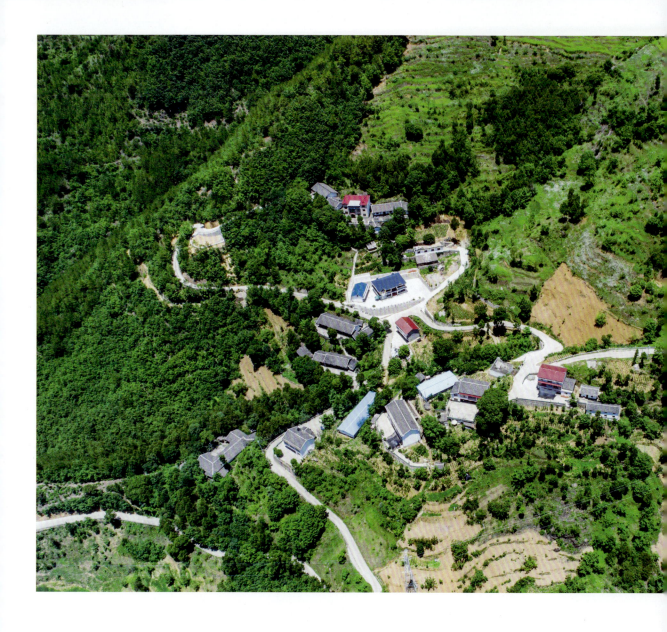

嘉陵江上新生村
旗扬古道越千山

撰文、摄影 / 粟舜成　熊芙蓉

　　夏日炎炎，位于秦岭南麓、嘉陵江上游、川陕接合部的广元市朝天区大滩镇新生村，天高云淡，草木葱茏。依山而建的房屋有序排列，道路干净、整洁。这个素有"人间净土""秦蜀桃源"之称的村庄，先后被命名为"四川省民族团结进步示范村寨""四川省四好村"和"省级传统村落"，2017年3月又被国家民委命名为"中国少数民族特色村寨"。

新生村通组公路

新生村寨门

一步一脚印，新生村在"四化联动、创新驱动、绿色牵动、开放带动、共享推动"的实践中同心同德、同心同向、同心同行，用勤劳和智慧，浇灌出一朵幸福、文明、和谐的少数民族特色村寨之花，光芒闪耀。

阵地新　彰显核心价值观

"秀美新生，仙气氤氲，无限风光。举目分，高峰挽低峰，群山环主岭，青山隐隐；远眺分，两峡拱一村，一湾连九井，碧波泱泱。水泛涟漪鱼翻浪，目盈绿野霞满乡。村舍雀跃，十里龙骧。"（粟舜成《新生村赋》）

溯嘉陵江北上，我们来到大滩镇九井湾，这里是新生村民俗餐饮一条街，有7家清真餐饮店，村委会、村史馆、文化广场也居于其间。

走到哪里，都会时常听到一个声音："现在的新生村与过去比有天壤之别，发生了天翻地覆的变化！"

村党支部书记穆国军介绍，新生村面积有10余平方公里，辖7个村民小组382户，总人口1 270人，其中回族近400人，是一个回汉杂居村。在"新村建设"和"强村行动"中，政府相继为新生村投入资金2 600万元，通组道路全部硬化拓宽，建成67口微水池、微水窖，铺设2.3万米饮水管，建新村修公路，打造风貌整治环境，等等，以上是该村的硬件建设。在软实力方面，该村也非同寻常——"中国少数民族特色村寨""四川省民族团结进步示范村寨""四川省四好村""四川省传统村落"几个金字牌匾熠熠闪光。

村北头是大滩小学，崭新的四层教学大楼紧贴山峦，围墙外的操场与村上的九井文化广场共用。在新生村的公共场所，社会主义核心价值观宣传栏图文并茂，"各民族像石榴籽一样紧紧抱在一起"的宣传语让人印象深刻。

继续往前，我们来到了村史馆，朝天区委统战部副部长赵文先正在布展。

新生村是朝天区委统战部的帮扶村，2018年底脱贫后，新生村正在农旅文融合发展方面下深功夫。"新生村有'五特'，即区位特殊、文化特古、产业特壮、民风特纯、活动阵地特新。"赵文先骄傲地向我们介绍，"据了解，民族村建村史馆在四川只有4家。在川北，新生村是第一家。"赵文先亲自设计"操刀"，他要让村里的"历史古迹活起来、励志故事动起来、好风尚传下去"。

存史、育人，在这一块阵地，朝天区将把村史馆的功能发挥到极致。

历史古　民族文化大交融

古栈、古渡、古驿、古墓、古寺、古祠、古匾、古器、古籍、古树，这是新生村的"十古"文化，村史馆图文并茂地尽数罗列。正如大门楹联所述"古驿乾坤大，新生气象和"，或许，这就是新生村高质量脱贫的文化基因和内生动力。

先秦时期，新生村九井湾便有先民居住。唐代朝廷在此开凿了九口盐井，以供川北、陕南一带百姓食盐之用，九井湾因此得名。

朝天区是四川的北大门，而大滩镇则是朝天区的

精美的砖雕建筑

精美的砖雕建筑

北大门，秦蜀古道咽喉锁钥。嘉陵江水路入川的观音阁古栈道、第一驿九井古驿、第一渡大滩古渡、宋淳熙年间利州提刑张曇容开凿九井驿三巨石疏通河道的渔郎阁，等等，均位于此段，可谓文化底蕴深厚。穆国军带我们沿嘉陵江原址踏勘，凭江沉思，想象这里曾经的繁荣。

古墓、古寺位于新生村7组。于清康熙年间所建，均位于九井湾半山腰。驱车上山就会发现这里回族村民居多，民族风情浓郁。

九井拱北高大宏伟，回族手工水墨砖雕技艺精湛。一眼望去，整栋建筑有平面雕、浮雕、透雕、圆雕、阴刻；细看每一幅雕塑，内容博采中国本土文化元素，有渔樵耕读、多子多福、荷塘清趣、五老观月等主题。

产业旺 两主一辅奔小康

下山的路上，一辆卡车横在路上挡住了我们的去路。原来这是来新生村购买黄牛的。卡车开走后，我们顺便参观了回族村民哈志友的养殖场，依山而建的两个标准化养殖场有900平方米，共饲养了109头牛。

朝天区境内山地占90%以上，大滩镇特别是新生村则是100%的山地，山坚水硬，土地稀少。"山高摔死鸡，水急不养鱼，上山碰鼻子，下山蹭钩子（屁股）"，这个民谣就出自大滩镇。自1998年退耕还林至今，新生村有三分之一的村民没有耕地，只有山林，于是当地就形成了以核桃种植、牛羊养殖为主，以乡村农家乐、外出务工为辅的两主一辅产业发展模式。

大山深处难得有一块平地，种养业的发展不是一件易事。哈志友的标准化养殖场都是依山就势垒砌而成。为了搞好养殖，哈志友还贴山建了临时住房，总投资几十万元。如今，他的养殖场平均每年出栏牛约80头，收入约80万元。

65岁的回族村民穆培志也没有耕地，只有山林，他家子女外出务工，老两口就在家养羊、养鸡，加上传统核桃产业和在山下民俗餐饮一条街开办的清真农家乐，每年纯收入超过10万元。家里的三四十头羊放养在山上，基本不用管，在矿泉水空瓶里装上玉米，每晚手摇瓶子，羊儿听见招呼，就会自动归圈。

九井驿遗址

新生村古树

在他们的带动下，一些贫困户也跟他们学习养殖技术。因车祸失去劳动力致贫的汉族贫困户刘志华，2015 年跟着哈志文学习牛羊养殖，如今他的年纯收入超过了 4 万元。据村支书介绍，目前新生村已有 12 户回汉群众开始标准化养殖，年存栏牛 300 余头，平均每户年增收 3 万元。

46 岁的汉族村民谢廷文，在外务工小有成就，当起了包工头。但他心里一直想着要带动村里人尤其是贫困户一起致富，于是他每年都带领 20 余名回汉群众外出务工，人均年收入超过 5 万元。

据大滩镇镇长赵强介绍，近年来新生村新建砖混圈舍 12 户 1 800 余平方米，养殖山羊 570 只、肉牛 306 头，种植核桃 1 248 亩，发展清真餐饮店 7 家。通过"两主一辅"产业发展，2018 年底新生村贫困户全部脱贫。

民风淳 向上向善正气扬

39 岁的马超轩，已经做了 19 年的阿訇，最近又当选新生村 7 组组长。阿訇的主要职责是带领穆斯林做礼拜，并在做礼拜之前向穆斯林授课，讲解伊斯兰教教义教规，宣传党和国家相关政策；通过解经讲"卧尔兹"，教育穆斯林群众知法守法，做一个合格公民，还要懂得教规宗旨，做一个合格的穆斯林，如：孝敬父母、团结帮助邻居、节约食物等，这些都与中华民族传统美德一致，新生村回汉群众相处融洽。

虽然在饮食习惯上，回族、汉族有所不同。但他们彼此尊重、包容，若遇婚丧嫁娶摆宴待客，都会同时置办回、汉两种席桌。如今回汉通婚，夫妻相处的秘诀也是相互尊重、彼此谦让。

小家和谐了，大家自然融洽。

"新生村从无上访现象，从未发生违法事件，更无刑事案件。"朝天区委常委、统战部部长甘兴礼说。新生村获得的表彰与殊荣都是最好的反映，"铸牢中华民族共同体意识"是新时代要求，新生村村民一直在践行。

新生村"朝天核桃"

全国民族团结进步先进个人穆国银

新生村牛羊养殖成规模

穆斯林开斋节

在诸多殊荣面前，村民们说都是有了党和政府的坚强领导；帮扶单位的干部们则说，新生村村民做事心特齐，大家相互帮助，事事都能落到实处。

新生村民居

新生村回汉杂居，但彼此尊重，民风淳朴，村民之间大事小事互相帮忙，都舍得使劲，且不计回报，相处十分融洽。

"向上向善。"穆国军一语道出真谛。他说在不同民族的交往中，大家取长补短，慢慢形成了这个共同的价值取向。向上向善，就是新生村生生不息的发展源泉、高质量脱贫的内生动力。

新生村于1950年设立，初名"白家村"，1957年改名"新升村"，1984年更名"新生村"，蕴含革故鼎新、生生不息之意。今天的新生村，有着更丰富的"新生"内涵和外延。

"北望阳平关，古栈云飞扬；南俯巴蜀路，嘉陵水汤汤。唐置九井名驿，今筑大道康庄。全国回汉同心筑梦之典范，全省民族团结进步之榜样；中国少数民族之特色村寨，西部传统村落之文化滥觞。历经千年风雨，荣辱不惊；穿越万里时空，古韵流芳。"（粟舜成《新生村赋》）

我们坚信，在乡村振兴的道路上，载着"中国少数民族特色村寨"的荣誉和动力，新生村一定能踏着更加坚实的步伐，迈向美好未来！

小河坝村

小河坝村
岁月凝聚的羌碉故事

撰文、摄影／何清海　杨柏辉

　　滔滔岷江，滚滚南流；江边高山，羌笛悠悠。循羌笛古音，翻山越岭踏访传统羌寨，那些在高山之巅仍旧散发着古朴气息的碉楼以及静谧安宁的小村，令人流连忘返。

　　黑虎镇小河坝村位于阿坝藏族羌族自治州茂县西北的群山之中，距县城约30公里。小河坝村鹰嘴河谷以东相对海拔约300米的南北走向的山脊上有一组民居石碉群，山脊的北侧是黑虎河，寨子又称黑虎寨或黑猫寨。

　　小河坝村是一个保留较为完好的羌族原始村寨，"依山而居，垒石为室"的建筑风格和羌族生活风貌极具民族传统特色，是茂县展示羌族历史文化和原始民俗风情的一个重要"窗口"。2012年，小河坝村鹰嘴河组被列入中国第一批传统村落名录。2019年，小河坝村被国家民委评为"中国少数民族特色村寨"。

在羌碉下刺绣

嘴河悬崖上的碉楼群，群碉如苍松般植根于鹰嘴河山梁上，背靠悬崖峭壁，从河谷向上望，直入云天。

　　这些碉楼都是用石头与泥土建成的多层建筑，下大上小、高大雄伟，外观有四角、八角、十二角等多种结构，各层都备有射击孔与瞭望孔，窗口外小里大，和平时期作为栖息之地，

举行咂酒开坛仪式

战时则成为防御工事。这些碉楼设计施工巧妙，最高的有 12 层 36 米，最低为 5 层，也有 15 米高，每层用方木向四周交错辐射支撑，每层上下都用独木梯，一直延伸到碉楼顶部。

小河坝村村民"依山居止，垒石为室"，民居散落在山脊上，给人一种自然天成的美感。传统民居碉房一般为三层，第一层为牲畜的圈房，也是房屋的入口；第二层是主人活动的中心，有堂屋、卧室等；第三层用于存放粮食和财物，房屋的平台作晾晒粮食之用。顶层的平台上有一个神塔，羌语叫"纳萨"，是敬神的地方。纳萨神塔和房屋的墙体上都供奉着"白石神"。

民居的楼上楼下之间也是由独木梯连接，独木梯是用一根粗大的木头按照一定的间隔距离挖成槽口制成，简单实用，节省空间。随着时代的发展和进步，传统碉房在功能方面有了较大调整，首先"人畜共居，上房下圈"的现象早已不见，狭小的窗口改成了宽大的玻璃窗，厨房和堂屋、卧室也分开修建，告别了过去烟熏火燎、昏暗潮湿的时代。

碉楼幢幢，擎天拔地，巍巍然立于天地之间。远远望去，如威严的武士，以自己的忠诚守卫着羌寨的安宁。如今，战争的风云早已消散，历史的尘埃也已荡尽，但在我们眼里，碉楼依然凝聚着黑虎寨羌人的伟大智慧，展示着黑虎寨羌人的美好未来，碉楼——已成了黑虎羌寨最重要的历史符号和文化名片！

2002 年在金沙乡拍摄的傈僳族婚礼

观音堂
安宁河畔傈僳村

撰文、摄影 / 宋明

观音堂村位于凉山彝族自治州德昌县金沙傈僳族乡安宁河畔，清代曾建庙，故得此名。成昆铁路、108国道、京昆G5高速公路穿村而过，全村辖6个村民小组，339户1 388人，其中傈僳族占98.9%，村民多居住在安宁河谷两岸的二半山和高山地区，是"四川省民族团结进步示范村""中国少数民族特色村寨"。

红军过村，留下一段佳话

"1935年5月中旬，中央红军一军团先遣部队抵达该地时，侦悉国民党川康边防军在乐跃境内设防堵截，遂于铁匠房分兵：一部分突击架浮桥西渡安宁河，由一位傈僳族老人带路，连夜通过休傈僳族聚居区去大六所；一部分仍沿西（昌）会（理）正道，向乐跃进发。"（1984年版《德昌县地名录》）

文字中的"傈僳老人"就是当时给红军带路的傈僳族向导纪老大，标水岩的一位村民。当年纪老大听说红军是千人队伍（即穷人的队伍），便为红军带路过傈僳族聚居区。本来傈僳族武装力量被国民党逼迫和欺骗，在土地梁子挖好战壕，准备迎战红军。纪老大悄悄前去告诉头人张万顺"红军是自己的队伍"，傈僳族武装力量才为红军让了路。如今，纪老大已经离世，他的儿子纪老四住在观音堂村3组，他说："过去听父亲讲，他给红军带路的时间有3天，后来红军送了好多吃的给他。"

观音堂汉族村民殷知才，为过境的红军炖过鸡，红军为此还给他留了一些钱，中华人民共和国成立后他将这些钱交给了政府。红军经过时，告诉傈僳族群众等到革命胜利后，他们会回来让群众过上幸福生活，这个承诺早已实现——

观音堂村地处安宁河两岸

遥想当年，傈僳族群众租地耕种，日子过得非常穷苦。中华人民共和国成立后实施土地改革，傈僳族人辛勤耕耘，收获幸福，1980 年金沙公社人均分粮 186 公斤、收入 70 元，部分社员购有收音机、缝纫机、手表等。2014 年国家实施精准扶贫，虽然不是贫困村，但一些脱贫攻坚的资金和措施也惠及观音堂。"两不愁三保障"得到了落实，群众有了安全住房，教育医疗有保障，村里的道路得到了硬化，电、网、4G 信号全覆盖，太阳能提灌站把安宁河水提到了缺水的田里，村民家里摩托车已经很普及，有的还有了轿车。

到访观音堂时，我们遇见挖掘机正在施工，原来一座水库即将建成。村民兰长生曾在 1982 年参军，他说："党的政策好，现在的生活比以前强十倍。"

如今，时间过去了 85 年，但红军的故事还在当地广为传颂。2020 年 8 月，我在金沙采访时就听到贺雪才、熊文珍老人情不自禁再次讲起当年红军过德昌傈僳族地区的故事。

脱贫攻坚，住房条件再改善

过去傈僳族人居住条件差，多住窝棚、摞木房或被称为"千柱落地"的劈柴房。20 世纪 80 年代，政府拨专款改善少数民族住房条件，扶持农户建房，金沙乡 337 户中 251 户住上了土墙瓦房，其余农户改建为土墙、木板、油毡顶，实现了人畜分开。17 个村民小组中 6 个通电，1 个用上了自来水。

2001~2002 年，德昌县实施首批扶贫新村建设，大沟（观音堂村的一个组）就是其中之一。大家齐心协力搞新村建设，老石匠李国民早已不打石头，但是他知道这事后，每天便义务为村里出工，用 12 天时间把拦路石打掉，手都打肿了，

1982 年拍摄的金沙傈僳族乡住房（谭运志 摄）

他说："大家高兴，我就高兴了！"这次建设政府投入 11 万元，农民投工投劳投资 31 万元，大沟再次变了模样。

2014 年以来脱贫攻坚的力度，更是前所未有。如今，走在金沙乡，处处新村新寨新气象，乡政府驻地的观音堂村更是热闹非凡。我到访的时候，正遇到村民纪树才自建的小洋楼主体完工。兰长生的两个儿子分别在公路边修房子，修房的钱主要来自打工，同时也得到国家建房补助和优惠贷款。

在铁路桥旁有一个观音堂村的"飞地"，这是一个易地扶贫搬迁小区，大多数房屋正在装修中。背着孩子的傈僳族妇女吉银秀说："我们这里有 15 家搬迁户。我家的房子 90 平方米，花了 30 多万元，也得到了国家的补助。"

金沙傈僳族乡乡长李波介绍："我们乡采用土地增减挂修了两个新村，一处在乡政府对面，另一处就是这个'飞地'，都在观音堂村。两处共 48 户，按乡村振兴标准进行建设，每户得到了 3 万元的政府补助。"散落在山坡上的其他农户修新房或对旧房进行改造，政府补助也惠及他们。

① 1 斤 =0.5 公斤

狩猎民族，新时代的嬗变

1984 年版《德昌县地名录》里这样记载金沙公社："解放前，德昌傈僳族居住在高山和二半山，习于半农半猎。民主改革前，农业生产方式多为'刀耕火种'，产量很低，生活极苦。民主改革后，在国家的扶持下，生产和生活有了显著变化。水稻田从无到有，现已开辟出稳产、高产田 995 亩；改坡地为梯地，注意精耕细作，产量逐年提高。1980 年全社粮食总产 79 万斤①。"这是当年金沙公社的概况。

20 世纪 90 年代，我经常到金沙乡采访，印象中他们在田里种植四季豆。改革开放后，观音堂村在德昌傈僳族聚居区最先调整种植结构，跟着周边汉族村庄学习种植早菜。2002 年我采访大沟，当时大沟有 54 户 276 人，种了烤烟 87 亩、早海椒 30 多亩、西番莲 42 亩，可见当时种植种类的丰富。

2020 年 11 月初，晚秋时节，我再次来到观音堂村，只见芭蕉林绿桑叶泛黄，挂果枇杷树层层叠叠，稻草垛散发着阵阵稻香味儿……田间还有许多村民在劳作。我伸手在路边摘了一个野生番石榴，一咬下去，脆脆甜甜的。

李波介绍，观音堂村主要种植早熟蔬菜、水稻，并积极发展林果业，"早菜主要是四季豆、辣椒和豌豆，村里建有一个果蔬专业合作社。林果业主要是板栗、核桃、花椒、桑果、芒果、枇杷。现在枇杷、芒果均达到五六百亩，果桑有上千亩，冬草莓也有一定的规模。养殖业的话，主要是牛、羊、猪、鸡，村里还有几家养殖大户。"

傈僳族是狩猎民族，过去许多野生动物是他们的捕猎对象，但如今他们与野生动物和谐相处。11月初，我在5组遇见村民兰银才，三年前他在高山上遇到过熊，前一天在山上又遇到野猪。他说，山上有一个地方叫万担坪，他在那里看见过野猪数十次，现在村里的鸟儿和山上的各种野生动物都多起来了。

虽然不再狩猎，但捉马蜂的技能还在发扬光大，马蜂养殖也成为产业。人们过去用火烧取，但相当于"杀鸡取卵"，蜂王大多会被烧死。现在则大多是等蛹成熟时用刀割开蜂巢取蛹，再把蜂王放入巢中、把巢壳拼接好，蜂王便会再产卵，蛹也会第二季第三季地生长，一个蜂包便可以卖好多次。

村民熊明富因为擅长寻找和割取蜂包，被称作"德昌傈僳蜂王"，每到马蜂生长的季节，他便带着妻子南下北上，在省内各地捉马蜂，平时农事交给父母。他家每年靠马蜂蛹就收入数万元，加上土地上的收获，年收入超过10万元。5组的兰银才年年养马蜂，2020年他养了19窝马蜂和几窝土琴蜂，卖蜂蛹收入近万元。村里养殖蜜蜂的村民则更多，养殖大户纪老四就养了100多箱蜜蜂，一年收入数万元。

傈僳族人以前羞于外出打工，但现在观音堂村民们纷纷外出打工。输变电建设工地、长春造船厂、广东电子厂、新疆棉花地、省内瓷砖厂甚至老挝香蕉园里，都有观音堂村民的身影，外出务工成了观音堂村民的重要收入来源。

组图：观音堂村民幸福新生活

傈僳族是山地民族，他们的身体素质好，熟悉山里扑火规律，因此包括观音堂村民在内的很多傈僳族人成了专业的扑火队员。森林是国家的财产，也是他们的家园，他们有一个信念，就是要为国家守护好森林。

民族文化的沃土，人才迭出

金沙乡算得上是德昌傈僳族文化多样性的地方，这得益于除了最先迁入的傈僳族外，还有清末和民国时期从云南禄劝和四川会理、米易等地陆续迁入的傈僳族。

1997年我曾经采访过傈僳族民间文艺家李国才，印象中她住在旧房中，光线昏暗，她生病躺

在床上，见我从县城骑摩托来，便给我讲了许多民间故事和红军过凉山的故事。遗憾的是，那一年她就病逝了。

李国才的长女罗孝兰回忆，小时候家里的火塘边总有许多村里的孩子围着母亲，津津有味地听故事。"妈妈特别能讲，故事主要是从外婆那儿学来的。"

李国才擅长讲本民族故事，也会唱山歌、弹三弦。20世纪80年代初，生活条件极差的情况下，她省吃俭用买回一台收录机，在业余时间收集录制了傈僳族婚丧嫁娶、喜怒哀乐的民风民俗歌集，以及傈僳人最喜爱的七十二种打跳。1985年退休后，她更是全身心投入到傈僳民间文学、故事收集整理工作中，她也成了省、州民间文艺研究会会员。

村民兰德才吹得一口好芦笙，据说他能吹七十二调，寨子里经常能听到他的葫芦笙乐，但他于2017年去世，民间艺术渐渐失传。

以前村里会唱山歌的人很多，尤其一位李熊氏非常会唱歌，村民都印象深刻。标水岩的张生才也是歌手，擅长唱山歌，村子里经常有他的歌声荡漾。

现在网络的发展也深刻地影响着村里，传统文化日渐消逝，但也有一些人在进行挖掘保护，让人甚感欣慰。德昌县文化馆申报的传统棉纺织技艺（傈僳族火草织布技艺）就于2014年列入了国家级非物质文化遗产名录。

传承民族传统手工技艺

留守上壳子（垵嵝）寨的白马藏族村民

伊瓦岱惹村
把古老的故事和民俗讲给世界

撰文、摄影／田明霞

　　绵阳市平武县白马藏族乡伊瓦岱惹村，是白马人最古老的聚居地之一，他们世世代代在此安家、耕种、放牧。2021 年 5 月，我们从平武县城出发，沿着涪江及其支流火溪河畔的九环公路奔向伊瓦岱惹。

　　一路上，涪江水潺潺奔流翻细浪，郁郁青葱的绿树铺满群山。当路旁灰瓦房顶立着的白公鸡次第闪过车窗时，就进入了白马藏族乡了。伊瓦岱惹村的村部就设在乡政府驻地王坝楚，昔日的川北森工局、原平武县伐木厂、现华能水电厂平武公司也把这里选作驻地。

　　伊瓦岱惹村拥有垵嵝寨、驮骆伽寨、嵥嵥寨等几个古老的白马山寨，大多数寨民搬迁到了山下河畔或者村部附近的新家，山上古老的寨子一边保护，一边开发。

下壳子寨的民宿

从村部出发继续行驶约一小时，山风扑面，气温陡降。蓝天下，白雪皑皑的茶惹盖雪山近在眼前，2018年建成的通社水泥硬化路绵延山间，偶见一两个身着民族服饰的村民放牧或耕种归来……这里，就是上壳子寨。

54岁的村民格格被认定为国家级非物质文化遗产代表性项目跳曹盖代表性传承人，他身着素白的民族服饰，引着我们一行往寨里走去。"上壳子在藏语中叫作'垰崼'，意思是很高很高的山，所以上壳子也被称为'云端上的古寨'。"格格说，上壳子寨背靠桑南日珠神山，最高海拔达2 800多米。

继续上山，一栋栋古老原始的木结构民居错落有致地散落在一道道山坡上，全都是穿斗结构的木架房，四周用木板或土墙装饰，青石瓦覆盖屋面。格格说，白马人在此生存繁衍了上千年，一代代人住的都是这种房子，旧的朽烂了，就推倒修新的，上千年来，房屋样式几乎没有变化。"现存的老房子最早的可追溯到晚清时期，历经了百年风雨，最新的也有五六十年的历史。"格格边走边说。据考证，上壳子山寨里的土墙杉板房的样式，与先秦氐人建筑一脉相承，是研究白马藏族历史、文化和风俗习性的活化石。如今，当地在风貌升级中也注重民族元素的使用，比如在路灯上就都装饰了花腰带和白毡帽元素。

走进其中一座木楼，有烤火做饭的"火塘"房间，有挂着老旧的手制粗亚麻布衣服的"民族服饰展厅"，橱柜里存放着一些自制农具和生活

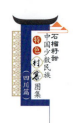

用器具饰品的"民族工艺品展厅"，二层有存放粮食的"粮仓"，有地窖井的"蔬菜储藏室"……这个民俗陈列室是两年前布置的。

在山寨里转山转屋转火塘，一草一木，一砖一瓦，仿佛走进了白马藏族人远古的岁月里，看到了他们隐居高山峡谷，刀耕火种、牧牛放羊的日子。

白马藏族乡党委副书记杨光李告诉我，上壳子是白马藏族十八寨中最古老也是海拔最高的山寨。因此，过去交通不便、就医就学难，许多村民在十多年前陆续搬离老寨，住到了村部所在地王坝楚。现在上壳子寨常住人口只剩下3户6个人，包括79岁的王代和他74岁的妻子。

王大爷身子骨还硬朗，他坐在自家木楼高高的门槛外，搓着手说："不习惯外面的生活。山下又没有土地，没法种菜。"王大爷曾担任过生产队长，他和老伴在山上种当归等药材，两个儿子都已成家，居住在王坝楚街上。"以前我们白马人世世代代吃苦，吃水都要到山下河边去挑。感谢党的好政策，寨子里现在有电有水，公路也通了！"

虽然老寨日渐冷清，但近年来因为乡村振兴发展的各种利好政策，上壳子寨因地制宜，成立了虎牙天路合作社，种植白菜、土豆等蔬菜，发展蜜蜂、野猪等特色农业养殖，还成立了乡村旅游合作社。上壳子寨特产一种高山圆白菜，味道很好，在绵阳、成都的超市里很畅销。格格说："现在我们还搞文旅结合，努力将上壳子寨古老的白马文化发扬传承。"

离开上壳子寨下山，不一会儿就到了位于火溪河沟口的下壳子寨，这里是伊瓦岱惹村的另外两个村民小组。下壳子寨藏名"驮骆伽寨"，目前仍保留着一座座无人居住的老民居，也是木穿斗结构房屋，但置身其内，却看到了新中式的装修。工人在村口的高大晒粮架前锯木头搞装修，透过底楼的玻璃，可以清晰地看到山下全景和涪江支流。

组图：平武县白马藏族文化浓郁
（绵阳市民族宗教事务局供图）

云雾掩映中的垱崛古寨（何兴曜 摄）

　　"未来我们打算把这一片打造成白马藏族特色的民宿古寨，包括商务区、农耕文化区和旅游民俗风情体验区，吸引更多外资和外地游客。热爱摄影写生的游客也可以在我们这里体味到别样风情。"杨光李说，2018年下壳子寨争取到了某企业的300万元扶贫资金，用于村寨旅游建设。

　　伊瓦岱惹村共有108户339个村民，有4个村民小组，其中的罗通坝崥崛寨位于在建的九绵高速公路旁。古寨门口，拱门上高挂着面具"曹盖"和羊头。沿着曲折的石梯往上走，寨中的老木楼依山而建，大多有三层。二层为主人起居处，有土墙包围，可在危急时刻抵御外敌入侵。三层则用来堆放粮食或杂物，或作为供祭祀用的"天台"。白马藏族过去一直靠天吃饭，信奉万物有灵，经常向天地和山神祈求风调雨顺、人畜康健、五谷丰登、生活安定。

　　走进82岁的步依老人家里，新建的木质民居让人眼前一亮。步依老人满怀豪情地讲起了自己的故事：1956年土地改革，他分得了一亩地一头牛；1958年，他参加平（武）江（油）

公路和虎牙铁厂的建设；1962年，他光荣加入了中国共产党，先后任过生产队长和村党支部书记。20多年前，步依老人建起了这座宽敞的房屋。如今，步依老人和小儿子一起生活于此，四世同堂，幸福美满。

　　近几年，伊瓦岱惹村加大了基础设施建设投入，加上市、县两级对贫困村寨的扶持力度，确保每家每户都通上电，用上干净水。通过脱贫攻坚，2018年10月伊瓦岱惹村就退出了贫困村序列。杨光李说，过去伊瓦岱惹村村民收入主要靠种植重楼、天麻、羊肚菌等，如今则大力发展乡村特色文化旅游业，让远方来的游客在赏雪山古寨美景、品野生菜肴佳酿的同时，领略白马藏族独特古朴的民俗风情。

埃崐古寨民俗体验——圆圆舞

夹金山下、青衣江源的藏家

撰文、摄影／邓平模

传统风貌保存良好的和平藏寨

夹拉村扼守着雅安市宝兴县唯一的民族乡——硗碛藏族乡的南大门,保持着浓郁的藏族文化特色:成片完整、藏汉建筑风格相融的传统锅庄楼,日常生活中穿在身上的传统民族服装,牛羊毛纺织、酿酒、碾磨等传统手工技艺,一人领唱、众声应和的国家级非物质文化遗产项目——硗碛多声部民歌……夹拉村的丰富内涵与夹金山的青山绿水相得益彰。

2012 年,夹拉村和平藏寨(夹拉村 3 组)被列入第一批中国传统村落名录。2017 年,夹拉村被国家民委命名为"全国少数民族特色村寨"。

从前的味道

夹拉村位于青衣江源,从雅安方向去夹拉村,一路都溯青衣江而上。在宝兴县城,青衣江干流分成东河、西河两条支流,源自夹金山的东河是青衣江正源。沿 351 国道溯东河续行,一路高山、深谷、急流,待海拔渐升、河谷渐阔时,百余米高的硗碛水库大坝便屹立眼前。且慢,刹一脚,大坝下方的这个村子——夹拉村值得一看。

沿着国道两侧,夹拉村已经形成了一条村街。走进国道西侧、村街背后的和平组藏寨,时值 7 月中旬,苍翠山头云雾缭绕,谷地里的玉米正在吐须,花椒已经泛红,苹果、李子、桃子挂满枝头,在田园与山林之间,几十座古朴的锅庄楼高低错落,富有传统村落的古朴之美。

正值雨季,水量充沛的溪流哗啦啦从寨子南侧流过。据老乡说,要不是因为一次山洪暴发,冲毁了部分民居,和平寨的规模会比现在更大。水能有破坏力,也可以为人所用。寨子前方的硗碛水电站安装着总装机容量 24 万千瓦的现代发电机组,而下方的和平组藏寨,最古老的水能器械装置——水磨盘依然运转不停。

水磨盘位于寨子深处的一座方形小木屋——老磨坊中。雨天幽暗,走进去,闻到一股粮食的清香,屋中一切像是从记忆中渐渐显影:石磨发

开在老宅中的藏家餐饮店

出低缓但有力的转动声，仿佛牛的哞音。两片磨盘巨大、厚重，上面一片的边缘穿孔系绳，固定在左右两根木柱上，下面一片则被托在木座上，在下方水流的推动下缓缓转动，碾磨出的面粉就一点点从磨盘的缝隙间吐出，落到下面的巨大圆木盘上。屋子一角放了张大木凳，可以坐，也用来放东西；另一角放了个大木匣子，用来盛放磨好的面粉；外加一个筛子、一个用来装面粉的木斗、一把扫帚，就是磨坊的全部家当了。那磨盘、木盘、木凳、木匣都

在溪流上设置闸门，将流水引入磨坊

被岁月打磨得柔和光滑，肉眼可见的古旧，旧得连从小在寨里长大的老人们也说不清这磨盘的岁数，似乎它一直都在那里缓缓转动，无休无止。

在磨坊里忙碌的是三代女人：57岁的次亮，女儿嘎谢，孙女曲央措。次亮家在大坝上面的咎落村，村里也有老磨坊，最近因故不能运转，特意乘车下来磨面，可见传统生活在当

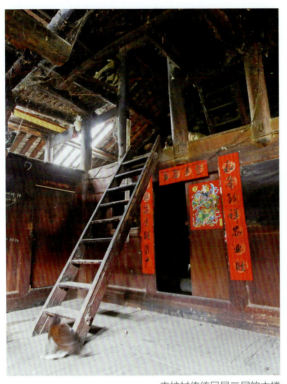

夹拉村传统民居二层的木楼

地依然延续。村落之间可以共用磨坊，则可见当地团村民结友爱，民风淳朴。很巧，陪我来的宝兴朋友王艳的老家就在硗碛乡，次亮是她的亲戚。她们亲热地打招呼聊天，离开时，次亮随手装了一大袋新磨好的面粉送给王艳。山里的人情味真是质朴浓厚。

次亮在磨的是黄白两种颜色的玉米，各有三四十公斤，分开磨，需各磨三次：前两次磨完后用筛子筛过，粗粒再磨一次。我到访的时候，她们刚磨完了白玉米，足足花了两小时。同样的活，用机器做只需一二十分钟。那为何要如此劳神费力呢？次亮说，用老石磨一点点磨出来的面，口感更好。

和邻县丹巴的藏寨一样，和平组藏寨的每户民居也各有其名。老磨坊边的这户人家叫池达，

藏语意为磨坊，其居住的房屋是典型的跷碛藏式传统民居，和磨坊一样古老。夹拉村地处藏、羌、汉族接合部，文化以藏文化为主体，又受到羌汉文化影响，具有多样性和融合性，池达老宅就很直观地体现了这一特点。它的下半部是石碉房，和丹巴、羌区的民居一个样；上半部是穿斗结构的青瓦木楼，带转角悬空木廊，廊檐下雕刻的精美吊瓜，山墙屋脊下的垂鱼等纹饰都是典型的汉地民居符号，而汉民居的三角形歇山屋顶则被创造性地改良成了三个三角形，更具美感，成为当地民居的标志性符号。

走进池达老宅，一楼的石墙非常厚实，转角处衬以木条和竹子作墙筋，用当地特有的水泥抹缝，固若金汤。二楼几乎是纯木结构，梁、柱、楼板、楼梯……木材均产自当地山中，粗壮硬扎，富有传统木构之美。木制老家具丰富了民居的陈设，梁上悬挂的一块块老腊肉、木廊上的各色衣衫带来了生活的气息。

和平寨的几十幢老宅大多和池达一样留存完好，稍加维护，再住一百年也没问题。可惜的是，由于功能上难以适应现代生活，年轻人大多搬到了街上的新房居住，老宅大量闲置。近年，夹拉村的旅游接待日渐成熟，与丹巴县利用传统民居做接待不同，目前夹拉村的藏家乐都开在新房中，除外观是民族风格装饰，内部完全现代化了。其实将老宅加以修整改造，很适合开设成特色民宿，既让游客体验到纯正的民族文化，又利于老寨的保护和延续。这样个性化的民宿应该更受年轻人欢迎。

池达老宅开了家"老磨坊柴火鸡"，厨房用的是有上百年历史的老灶，升腾着浓烈的烟火气。在老磨坊和民居之间的院坝扯起两张篷布，

村中的酒窖

摆上桌凳，就是餐厅。来此的游客可以听着水声，看着青山和流动的烟云就餐。

饭菜上桌。招牌菜是用现杀家养土鸡做的"一鸡三吃"：椒麻鸡片、香菇烧鸡、药膳鸡汤。土鸡弹牙有嚼头，香。鸡汤中的当归、党参都是当地野生药材，散发着纯正浓郁的药膳味道。主食有玉米锅边馍、甜荞馍、苦荞馍，食材都是当地出产的粮食，用老磨坊的石磨磨制成粉，有着久违了的从前的味道。

好菜宜佐好酒。我们没喝酒，但知道村子里出好酒。之前走在村中，看见一户村民家门口挂了块小小招牌，上书"逸吉酒厂"（"逸吉"是藏语"跷碛"的另一音译）。院子里放着大酒坛子，主人杨启伦闻声而出，引领我们四下参观。说是"厂"，其实这里更像一个家庭作坊：规模不大，没请工人，全靠自家操持经营。

杨启伦是1953年生人，他的酿酒技艺承自母亲。母亲是1910年生人，技艺又传自她父亲。如此推算，杨家的酿酒史至少应源自清末，有一百多年历史了。如今酒坊的窖池已经改良，只有用厚实圆木做成的甑子还是旧物，用来蒸煮酿酒用的粮食。

杨启伦自1982年开始学习酿酒，他沿袭传统技艺，采集生长于当地海拔4 000余米的高山花卉制作酒曲，用当地产的青稞、甜荞、苦荞和外购的玉米做原料，如今年产白酒上万斤。

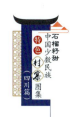

夹拉村村民的乡村酒店

乡亲们在老磨坊里磨面

这是跷碛乡唯一的酒厂，凭借老字号积累的良好口碑，酿制的酒在当地就能全部销售出去。杨启伦带我走进酒窖，一二十个大酒坛中有上十年的陈酿。杨启伦盛出一盅让我品味，我有十多年不喝酒了，但闻着这馥郁酒香也不禁心动。

盛装 歌唱 欢庆

杨启伦善酿酒，他的老伴能玛则长于纺织。此时，她就坐在客厅的木凳上，面对着窗外开得正艳的蜀葵和格桑花，用传统腰机编织一条七彩腰带。只见她拉起分经棍分离经线，用提综板固定两层经线形成梭口，用缠绕着不同颜色的线棍投纬走线，再用一块压纬板将纬线压紧……如此循环往复，一条色彩缤纷、图案优美的腰带就在她的手下一点点呈现。

能玛十多岁就开始学习传统纺织，织龄已超过 50 年。腰带是小品，能玛的得意之作是传统藏服。她带我来到楼上的卧室，拉开衣柜，里面挂着一长排全手工制作的羊毛藏服，足有 20 多件，不知耗费了她多少心血。

夹拉村地处夹金山麓，海拔 2 000~4 000 米，多林地和草场，动植物种类多样（是大熊猫的栖息地），属半农半牧地区。能玛说，以前，她家养了一两百头羊，每年开春的四五月，羊群被赶入石头砌成的大羊圈中，挤挤挨挨，如潮涌动。敏捷的藏家汉子在羊圈里奔跑捉羊，剪下一层层浓密的羊毛，是另一种丰收的形式。能玛将羊毛和羊绒捻成线，织成布，缝成衣。这些过膝藏袍保持着米黄（羊毛）或深褐（牛毛）的本色，仅在衣领、襟口、袖口处饰以几条碎花布边，非常素朴。我伸手摩挲，柔和细软，不扎手，穿上去想必体感很好。这样的衣服像从土地生长出来一样自然，一针一线又寄托了情感，家人们穿着一定倍感温暖。

夹拉村有很多能玛这样的巧妇，这里保持着良好的纺织传统，在村里的街道边、店门口，随时都能见到捻线、织腰带的妇人。安间是能玛的同龄人，家就在村街上，除了传统纺织，她的另一项才艺是唱歌——硗碛原生态多声部民歌。

2006年，硗碛原生态多声部民歌被列入国家级非物质文化遗产名录。2011年，宝兴县被命名为"原生态多声部民歌之乡"。安间的丈夫郎卡乓是这一非遗项目的雅安市代表性传承人。郎卡乓自幼爱唱民歌，当地民歌都没有歌本，他便跟父母和村民们学歌，和同组、同样爱唱歌的安间也是因歌生情、喜结良缘。

郎卡乓会唱几十首民歌，内容涵盖了建房乔迁、婚丧嫁娶、耕种丰收等，应要求，郎卡乓和安间就在家中客厅敞开嗓子演唱了好几首。硗碛民歌源于生活，往往在特定的场景中边舞边歌。此时在现代的客厅里演唱，少了相融的环境和动作，不够带劲，但歌声中传达的对生活、自然的热爱足以将人感染。其中一首是薅草歌，安间情不自禁地站了起来，前后摇摆着身体，挥动双手，仿佛是站在玉米地里锄地或除草。"唱起歌来，干活更有劲了，心里幸福，就不觉得累了！"她说。

硗碛乡的多声部民歌非遗项目现有一个省级传承人（杨明星），两个市级传承人（郎卡乓和杨明喜）。郎卡乓说，民歌曾经在当地有广泛的群众基础，村民们有的长于唱，有的长于跳，中青年一代中，安诗曼、素英、勒日特尔都是佼佼者，他的儿女们也都会唱，但到了

能玛用羊毛制作的传统藏服

硗碛多声部民歌的雅安市级传承人、夹拉村村民郎卡乓和妻子安间

能玛在编织腰带

更年轻的一代，会唱的就少了。好在相关部门非常重视文化传承，在当地设立了民歌传习所，聘请传承人在中小学开设相关课程，让传统文化得以传承。

夹拉村人的生活中充满歌声。在喜庆日和佳节，人们穿上传统藏服，系上花腰带，戴上精美头饰，欢聚一堂，尽情歌唱。郎卡乓说，唱歌从晚上就开始了，通宵达旦，就算是七八十岁的老人，也不会觉得累。十来天前，郎卡乓去邻村参加一场婚礼，就纵情歌唱了一整晚。最热烈盛大的歌唱还得数每年正月初九的上九节，这个春节祈福欢庆的节日隆重而独特，是四川省级非遗项目。这天，盛装的村民们聚集到硗碛乡上的广场上，舞狮、舞龙、耍牛灯、锅庄舞（省级非遗项目）、天鹅抱蛋（市级非遗项目）等文化活动次第上演，多声部民歌合唱是压轴大戏，由一位声音洪亮的男子领唱，众男声合唱跟进，再融入女声合唱。二声部、三声部、多声部的千人混声大合唱气势磅礴，连绵起伏的声浪让夹金山也为之沉醉。

夹拉村妇女的独特头饰

走进云朵上的山寨

撰文 / 田明霞

石椅村又名石椅羌寨，位于绵阳市北川羌族自治县曲山镇，离北川老县城不足两公里，是北川历史上著名的"云朵上的山寨"。驱车沿着凉风垭盘山路蜿蜒而上，就能看到一幢幢古朴而特色鲜明的羌式小楼散落在海拔 1 200 米的石椅山腰间。2017 年，石椅羌寨被命名为"中国少数民族特色村寨"，是 100 个省级乡村旅游重点村之一。

石椅羌寨（刘华伟 摄）

羌家风情助发展

来到石椅羌寨前，抬眼即能看到在高高的石梯之上，有一座用柳杉木修建的颇具气势的古朴寨门。拾阶而上，走完 99 级石梯，一副"天赐石椅羌寨，神造火盆仙山"的寨门对联映入眼帘。对联旁边，一位戴眼镜的长者身着羌族服饰，头戴礼帽，正在致欢迎辞。

这位长者叫母广元，已经 81 岁，是国家级非物质文化遗产项目"羌年"的传承人，也是寨里羌族传统文化活动的总策划和司仪。"5·12"汶川特大地震发生后，母广元致力于羌族文化传承与抢救的工作，先后收集资料编著了《羌山情歌》《大山深处鸣羌音》《漫游羌山探石椅》等书籍。他用语言、歌声和文字传播着羌族文化，助推当地乡村旅游发展。

羌红迎客

　　"嘿！远方啊，贵宾耶，欢迎你到羌寨来。请你哟，歇一歇，喝杯哟甘甜的羌家酒，再把那个酒歌听一曲……"伴着羌族姑娘悦耳动听的歌声，此前安静的羌寨变得热闹起来。站在寨门口，我看到寨门上悬挂着羊头骨架，寨门旁的长廊里摆放着木制风车、石磨和犁铧，一个个老玉米、捆扎好的大蒜头与编成串的红辣椒挂在寨门边的木柱上，近前的山间有一栋栋用原木建造的羌式民居，沧桑古朴的氛围萦绕着整个石椅羌寨。

　　跨进寨门，几位羌族姑娘为我们披上羌红，并在手腕处系上寓意吉祥的红丝带。近旁忙碌的小伙子、姑娘们也都穿着羌族传统服饰，他们衣服、裤子上的羌绣很是精致。继续往里走，寨里石台之上的木桌摆放着各式各样羌族风味十足的美食，挑逗着我们的味蕾。围着木桌，大家喝着甜滋滋的苞谷蜂蜜酒，品尝着充满山野味道的菜饭，听着羌族妹子们原汁原味的祝酒歌，惬意极了。

　　听当地人介绍，石椅羌寨是北川县第一个完成"5·12"汶川特大地震灾后风貌再造的村落。在灾后重建伊始，羌寨就确定了走"生态＋特色文化"的路子，大力发展旅游业。近年来，通过民俗专家发掘与研究，寨子大力传承民族文化，通过举办各种具有民族特色的民俗活动，吸引了越来越多的外地游客，有效地推动了村寨旅游业的发展。

进寨门（杨安文 摄）

欢乐歌舞

美丽凤凰 幸福家园

撰文 / 宜宾市民族宗教事务局

　　玉和苗族乡凤凰社区位于宜宾市珙县中部，距县城 45 公里，距宜宾市区 90 公里，辖域内的凤凰苗寨是距离市区最近的少数民族村寨。2019 年 12 月，凤凰社区被国家民委命名为第三批"中国少数民族特色村寨"。

　　在凤凰社区，铁石坪和陶家屋基两座青山相对而立，直线距离不超过 200 米，山顶均建有一个占地面积 20 平方米，高 6 米，屋顶成牛头形的休闲观光亭。站在亭上，整个凤凰社区的景象尽收眼底，好一幅美丽的山水画卷。

凤凰苗寨文化广场（杨明生 摄）

据了解，2014 年，通过美丽乡村项目的实施，凤凰社区建设了凤凰苗寨、五同苗寨聚居点。2017 年、2018 年，社区分别被评为"市级卫生村"和"省级卫生村"。2016~2019 年，通过民族发展资金和乡村振兴提升改造工程，社区建设了约 10 万平方米的微田园景观。2019 年，通过建设乡村振兴示范村，社区在保护特色民居、改善人居环境等方面取得显著成效。

到凤凰社区游玩，一定不能错过凤凰苗寨。凤凰苗寨于 2013 年 3 月规划建设，2014 年 6 月竣工，2019 年提升改造，占地面积 3 万多平方米，其中公共建筑面积有 600 多平方米。寨内聚居点共有农户 30 户，房屋统一规划建造，外部装饰有极具苗族文化特色的牛头、凤凰等图案。

走进寨门，到文化广场，再到苗族文化体验中心，自上而下，一览无余。

文化广场内设有一个装饰着凤凰、芦笙、苗鼓等图案的方形舞台，舞台上有 18 个具有苗族风格的石鼓。每年在此举办"梨花节""品梨节""苗年节"等大型活动时，人们都会载歌载舞，尽情欢乐。

"梨花节""品梨节"，当然少不了梨。在凤凰社区，梨园以梨子坪和铁石坪梨园较有规模，所种梨树已近 20 年，有约 800 亩，其品种多为黄金梨和黄花梨。2019 年，园内又新种植

祥和村寨

"凤凰福居"寨门（杨明生 摄）

了秋月梨和翠冠梨。每年梨花开放和梨子成熟之际，各地游客纷纷前来游玩，赏梨花、品梨子，惬意极了。

　　苗族文化体验中心里陈列着众多苗族服饰与苗绣、蜡染等手工艺品，充满了浓浓的苗族风情，穿着传统服饰的苗族解说员还会热心地为游客答疑解惑。据介绍，苗绣是通过图案来传承苗族的历史文化，几乎每一个刺绣纹样的背后都有着一个动人的传说。如果你对苗绣感兴趣，尽可在体验中心里亲自上手试试，热情好客的苗家人会十分乐意为你指点。

　　凤凰社区还有两大山洞，分别为大牛洞和硝洞。大牛洞位于凤凰社区与杨家村交界处的凤凰4社，洞口宽大，上下高度超过70米，远观像一个张大口的牛嘴。洞内有清凉的山泉水流出，还有许多大小各异的石笋石柱，景象颇为壮观。硝洞位于凤凰2社，洞口又小又矮，远看几乎难以发现。此洞夏季清凉，冬季暖和，可供游客避暑休闲。进到洞中，前行约10米，即有一高约6米、面积超过200平方米的巨大平地。再往里走，是一条近3 000米长的狭窄通道，伴着淙淙的泉水声，漫步其间，会让游客有进入到另一个世界之感。

　　近年来，凤凰社区尤为注重苗族文化特色产业发展。据了解，在社区干部的带领下，社区里的年轻人先后组建了4支文化艺术团队，其中2018年成立的合唱团为川南地区第一支苗族古歌合唱团队。几年来，社区的文化队曾多次参加各类各级表演和比赛，均有获奖，先

苗绣

茶山欢歌

凤凰苗寨里的苗族文化体验中心

后被国家级与省级媒体宣传报道，并接待台湾少数民族同胞来川交流与回访台湾台东县开展民族交流活动3次。

如今，凤凰社区已然成为各族群众了解苗族文化，增进民族情谊的有效窗口和良好平台。

（未署名图片由宜宾市民族宗教事务局提供）

耕读百吉村

记住乡愁，耕耘美好未来

撰文、摄影／何清海　王先超

组图：耕读百吉村

浓郁的羌风羌韵

羌人尚白尚红，在耕读百吉村尤为典型。从随处可见供奉于"纳萨"神塔和房屋四角的白石，以及村里妇女缠戴的"万年孝"和身上鲜艳似火的节日盛装就可见一斑。

圣洁的白石承载着羌人对雪山草原的美好记忆，也寄托着他们对安宁生活的向往。古老的释比唱经《羌戈大战》中有这样的描述：在迁徙途中，羌人遭到了魔兵的追击，天女木姐珠丢下雪团化作大雪山，阻挡了魔兵的追击。同时，在天神木比的帮助下，羌人用白石打败了凶悍的戈基人。自此开始，羌人为报答神恩，以白石作为天神甚至祖先的象征而进行崇拜。

羌人尚红的习俗，据说是起源于炎帝。传说中农业始祖姜姓炎帝神农，乃为羌祖。炎帝又称赤帝，赤即红色。羌人为世代牢记祖先，每逢盛大庆典仪式均以红色标志为吉祥物。天长地久，这种尚红习俗，逐步演变成羌族传统最高礼仪——挂红。

在耕读百吉村，羌族同胞们保留着以"挂红"方式为客人敬献赤诚心意的风俗。遵循男挂左女挂右的原则，他们把约两米长的红绸，从肩头斜挂至对侧的肋下，然后打一小结，使之在体侧飘垂。独特的"挂红"迎宾方式，将客人置于团结、喜庆、祥和、欢乐的氛围之中。

作为一个原生态的羌寨，耕读百吉村还存有碉楼遗址群两处，分别位于耕读百吉村1组北面的杨家梁子和杨家梁子南面，海拔约2 570米。群碉直立，像忠诚的卫士，像英勇的战将，像一部无字天书……

绵延10多公里的黑虎峡谷，两边散布着14个大大小小的羌寨，共建有几十座羌碉，仅大寨子就有24座碉楼，从大寨子往巴地五坡望去，

耕读百吉村，面积81平方公里，海拔2 400~3 000米，位于阿坝藏族羌族自治州茂县黑虎镇西北约8公里处。2020年村级建制改革后，现辖4个村民小组，全村农业人口244户988人，耕地面积1 189亩，主要以种植花椒、李子为主。2019年，耕读百吉村被评为第三批"中国少数民族特色村寨"。

在不到两公里的地方，密集的羌碉十分壮观，令人惊赞。

秋天，在一抹抹金黄和斑斓的秋色中，耕读百吉村的碉楼也收获着同样的色彩。冬雪过后，森林、山坡、村寨的田边地角，还有碉楼、碉房慢慢变白，银装素裹，如一幅印象派画家的大作，美丽至极。

都说羌人能歌善舞，他们"能说话就会唱歌、会走路就会跳舞"。诚然，歌舞是伴随羌人一生的美好事物，耕读百吉村的羌人上山有山歌，下田耕作有劳动歌，喝酒饮宴有酒歌。同样的，羌舞萨朗有喜事萨朗、忧事萨朗、祭祀萨朗等。还有为羌族歌舞伴奏的羌笛，镌刻着古老文化的基因，表达着羌族人民的心声，其演奏及制作技艺在 2006 年由茂县申报，被列入了第一批国家级非物质文化遗产名录。

近年来，黑虎镇耕读百吉村以其古朴的民俗风情及丰富的自然景观资源，受到中外民族史学研究人员和众多旅游者的青睐。

耕耘美好的未来

自脱贫攻坚战打响以来，黑虎镇在茂县县委、县政府的坚强领导和大力支持下，坚决贯彻精准脱贫精准扶贫方略，认真落实县委、县政府的工作部署，紧密结合耕读百吉村实际，积极争取基础项目，着力改善全村发展环境，破解发展瓶颈；充分利用土地资源，大力发展特色水果种植产业；全面落实惠民政策和精准扶贫开发政

组图：种花椒、养蜜蜂，村民们用勤劳的双手创造幸福生活

策，引导群众积极就业，着力推进群众增收。

2016 年，在四川省文物考古研究院、茂县旅游发展局帮扶下，耕读百吉村投入 50 万元建成"老熊寨生态跑山猪养殖"集体经济产业。通过实施"集体＋贫困户"工作机制，全村村民均可以入股参与集体经济，为稳步带动村民增收提供了保障。

杨光海一家有 5 口人，家中人多地少，被识别为建档立卡贫困户。为早日脱贫，杨光海主动承包养殖场，每年向村集体上缴承包金 1.2 万元，

秋天的耕读百吉村

经济收入由 2013 年的 1 872 元增加到了 2019 年的 9 870 余元，摇身一变，成为村里的致富带头人。

2017 年 4 月，耕读百吉村筹集资金 70 余万元，启动连户路建设，根据地形修建了一条宽 1~3 米、厚 10 厘米，方量约 1 800 立方米的连户路，彻底解决了当地群众出行难的问题，确保了经济血脉畅通，也使全村踏上了脱贫致富之路。"自从修了连户路，下雨出行都不用愁了，养蜂、摘花椒也更方便了。"耕读百吉村的村民告诉我。

然而，在这之前，这座村落却是另外一番景象。村子地处黑虎镇西北部，属于高原山地，村民各户之间就靠着一条条羊肠小道连接，道路崎岖狭窄。

在修建过程中，黑虎镇还把连户路建设与完善农村雨污水管网相结合，采用明沟和暗沟的形式，将家家户户的污水通过管道汇聚到公路旁的沉水池，经过沉淀处理再排放。这样的处理，不仅彻底解决了农村地头排污难的问题，还改善了村容村貌，探索出高半山雨污集中排放的新路子。

经过多方努力，2017 年耕读百吉村退出贫困村序列，2019 年实现全村建档立卡贫困人口全部脱贫，村民人均可支配收入达 14 180 元。

如今的耕读百吉村，村里歌舞广场、文化院坝等公共设施建设不断完善，村民有了多个休闲娱乐的好去处。在美丽、干净、整洁的人居环境中，村民生活简单而幸福，这座古老的村落散发出持续发展的生机与活力。

119

西昌白庙村

邛海畔的一颗明珠

撰文、摄影 / 宋明

观海的胜地

邛海,是西昌城的灵魂。

邛海面积有 30 多平方公里,环湖路也有 30 多公里长,人们接近邛海容易,但要饱览邛海全景却不容易,白庙村是观赏邛海全景的最佳观景点之一。

白庙村位于西昌城南边,村委会所在地海拔 1 700 米,比邛海湖面高出 200 米。在村里的许多位置,都能看到邛海全景。

极目远眺，邛海尽收眼底

　　一眼望去，晴朗时邛海尽情显现，美丽壮阔；雨季时则雾笼湖面，恍若仙境。但不管是什么天气，总有船只在湖面缓缓游荡，有体育比赛时还能看见帆影点点；对面的西昌城白天可见高楼林立，夜晚灯火通明。左侧是泸山，树木葱茏，右侧是青龙寺，临湖栈道蜿蜒穿行。村民天天守望着邛海，对眼前的风景习以为常，可外乡人和游客则纷纷惊叹此等美景，白庙村旅游价值不同凡响。

　　白庙村地处飞播林区，境内全是山地，海拔最高 2 925 米，最低 1 720 米，平均气温15℃，冬无严寒，夏无酷暑，是御寒避暑胜地、休闲度假天堂。

　　村党支部书记兼村主任沙华告诉我："白庙村距离西昌城区 14 公里，原属大箐乡，有7 个村民小组，现属海南街道办事处，7 个村民小组调整为了 4 个。全村有 3 463 人，均为彝族。"村里的彝族同胞大多是从周边或大凉山腹心地搬迁而来，所以白庙村也汇聚了凉山

组图：秋收后的白庙村

各地的彝族文化，他们能歌善舞，会吹树叶、吹口弦、弹月琴的人也不少，还有彝族的银饰加工技艺、毛纺织品及擀制技艺等民族工艺，服饰饮食、音乐舞蹈、婚庆嫁娶、节日庆典等均保持着浓郁的彝族风情。

2009 年我第一次来到白庙村，那时的白庙古朴平凡。2021 年 1 月我又一次走进白庙村，看到一派繁忙景象。村里正在进行村"两委"换届选举相关工作；白庙村半专业扑火队的 11 名队员则忙于训练和巡山；疫情检查点和防疫点人员也一丝不苟地进行着相关管控工作。

《彝山·彝韵》

白庙村是邛海湖畔的天然舞台。

"月琴为什么会唱歌，知心话儿对党说，小康路上幸福多……"2012 年 11 月，凉山彝族自治州喜迎党的十八大专场歌舞演出"歌声飞出彝家新寨"在白庙村举行，受到村民热烈欢迎。我采访了此次演出，村民的精神面貌比起以前好了太多，给人振奋、快乐、向上、健康的印象。2014 年 7 月，"中国·西昌首届火把音乐节"也在白庙村举行，山鹰组合、彝人制造、莫西子诗等彝族著名音乐人表演了精彩的节目，他们还被授予"白庙村荣誉村民"称号。

白庙村最有名的舞台是环湖公路下方的彝山彝韵表演服务中心，那里可提供大型实景演出的需要。白庙最有名的节目名为《彝山·彝韵》，是一台没有专业编导、专业演员的民族风情演出，节目编导是西昌市大箐乡原党委书记，演员是白庙村的彝族村民。"我们唱的跳的都是祖先传下来的、从小就喜欢的东西。"村民们高兴地对我说。

《彝山·彝韵》的主要内容是讲述彝族历史，中间穿插彝族芦笙、月琴等乐器演奏和朵洛荷、

火把节狂欢等传统习俗表演。沙华说："我们的彝山彝韵歌舞团队先后参加了 2016 年重庆花卉基地开幕式、2017 年攀枝花市工业区开工仪式以及 2018 年的凉山州火把节开幕式白庙分会场的演出，节目受到了大家的欢迎。"

口弦声声，彝山彝韵歌舞团队口弦演员吉史有作的口弦在白庙村飘荡，美妙动听。她告诉我："彝舞团成立以来，经常为游客表演，火把节时还会参加州、市的活动，表演最多时有一百多人。只是一年多以来，因为疫情影响没有演出。"

的确，由于疫情，白庙村旅游受到影响。不过村民们依然看好旅游业。在白庙村 1 组沙银万开的小店前，他告诉我，现在全村已有 21 家民俗餐饮和 3 家民宿，他家也在重新装修，准备开康养民宿。

沙华介绍，目前白庙村的发展重点是依托乡村旅游，充分利用太阳历广场、长寿梯、观景台等资源，以彝族火把节和彝历新年为契机，深度挖掘彝族节庆文化内涵，推动节庆旅游发展，提升乡村旅游品质。以前每年火把节村里旅游收入能达到几十万元，等疫情过后他们要继续做好旅游这篇文章。

诗意栖居地

凉山有着深厚的诗歌文化传统，是一片诗歌的圣地，彝族著名史诗《勒俄特依》《玛姆特依》就诞生在这里，还有浩如烟海的彝族民间歌谣和说唱，让这块浸润着诗性的土地张扬着一种诗的创造力。大凉山的诗群蓬勃发展，于是建设一个诗歌小镇被提上日程，白庙村被幸运选中。

白庙村里的诗歌小镇是由西昌市委、市政府统一规划部署，相关部门科学选址、严格评估和倾力建设的一个民族聚居安置点小镇。建设内容包括安置房、服务用房、景观广场、商业中心、民俗文化园及相配套的道路、停车场、绿化、供

排水网等，项目总投资 2.34 亿元。西昌市按照"搬得出、住得下、有发展"的原则，因地制宜，科学规划，倾心建设，共安置住户 202 户 549 人。

诗歌小镇的建设彻底改变了村民的住房条件，传统彝寨发生了巨大变化。

白庙村 1 组村民曲木日阿木就住在诗歌小镇里，一家 7 口人有一套 280 平方米的楼房，因为拆迁有补助，自己仅出资 20 多万元。

诗歌小镇里还建起了"诺苏诗人艺术之家"，

2009 年的白庙村（宋明 摄）

为凉山的彝族诗人提供了创作、交流的场所。2016~2019 年的西昌邛海国际诗歌周活动中，许多中外诗人会集于此，远望邛海，吟诗交流，那是诗歌小镇的高光时刻。

我曾参加过几次诗歌周活动，听过世界各地的诗人们吟唱自己的诗作，在如今这种快节奏的生活中，他们的诗歌就像清泉流过心扉。

我拿出 2019 年"丝绸之路"国际诗歌周诗文选《诗歌，附体的精灵》，随手翻到了法国作者菲利普·汤司林的作品《白天》，与大家分享：

听风
在树上奏响林子的蝉

收下灵魂的图案来这里
只为
考验它的强

送来眼前又转瞬离开我们的 迎接它
悄悄地 带着我们的感激 欣赏它
风急着要让骤雨 等它

等到下一个太阳

水稻飘香里

我至今还记得 2009 年在白庙村拍摄水田风光时，只见蓝天白云倒映在水田里，农人在田间忙碌，晨雾中上学的孩子们行走在田埂上……这场景像极了日本画家东山魁夷的水墨画。

现在邛海湖畔的稻田很少了，但白庙村还有许多稻田，每年的水稻耕种如期进行，冬春季节还会种植小麦。

吉史有作的家就在水田边，她的口弦总是伴着稻香。吉史有作是第九届全国人大代表，1998~2003 年，作为人大代表，她曾建议让白庙这样的村庄尽快通电通水通路。如今，这些都逐渐实现了。

回顾过去，曾经的白庙村经济发展十分落后。20 世纪七八十年代，人均有粮仅 351 公斤，人均纯收入 231 元，一

村民们盛装参加"歌声飞出彝家新寨"活动

半的农户人畜合住，大多数人还住茅草屋。1998年，全村人均有粮603公斤，人均纯收入1 150元，一些村民家有了自来水，看上了电视，实现了房屋开窗、人畜分居。改革开放后，尤其是近年的脱贫攻坚以来，白庙村发生了翻天覆地的变化，交通、住房、教育飞速发展。吉史有作现任白庙村4组组长，她说，2020年虽然受到疫情影响，但依托种植业和外出打工，白庙村村民人均收入也达到了12 673元。水稻种植依然是白庙的传统农业，亩产达上千斤。

发展农业粮食生产始终是关键。每年秋天白庙村稻香弥漫，香气还会飘到邛海上空⋯⋯

文明新生活

来到位于白庙村的大箐小学，孩子们戴着口罩，着装整洁，家长们也早早来到校门口接孩子。以前是要求村民必须送孩子上学，现在是村民主动送孩子上学。许多家庭还争取让孩子进城就读，以接受更好的教育。

到了村里，孩子们用普通话和我打招呼，这是在凉山开展"学前学会普通话"行动的成果，孩子们不再因语言问题而迟迟跟不上学习的进度。政府实施的"一村一幼"还培养了孩子们讲卫生、勤洗手等良好的习惯。

白庙村1组新居

彝山彝韵表演中心

位于白庙村的大箐小学

以前白庙村的人都想多生孩子，都重男轻女。吉史有作原是村妇联主任，当年她为此忙得不可开交。现在，村民生育观念与时俱进，重男轻女的观念变了，生了女孩也高兴，而且是想方设法让孩子接受更好的教育。

住上好房子后，白庙村积极开展村容村貌整治，村里的卫生、环境得到了改变。通过实施庭院绿化、美化工程，发动村民在房前屋后种树栽花，生态白庙一派生机盎然；村民做饭以烧电为主，并响应号召使用环保清洁能源，修建沼气池，改变了砍伐林木做燃料的习惯；厕所革命带来新变化，家家户户使用太阳能，让烧水洗澡成了历史；建立了垃圾中转站，解决了农村生活垃圾不能有效处理的难题；通过排水管网将生活污水汇聚到氧化塘进行处理，并达到农田灌溉排放标准，加强了对水质的保护……种种措施使村容村貌焕然一新，也为乡村旅游的发展提供了条件。

同时，通过开展除陋习、树新风活动，利用板报、标语、会议、音像等多种形式宣传普及文明卫生常识，倡导文明行为和良好卫生习惯，并制订村规民约。开展村民互助，若有孩子因家庭贫困不能上学，大家互相帮助。婚礼丧礼简办，不再铺张浪费。

行走在村里，我不禁感慨：以前进村是土路，现在变成了水泥路；以前村里房屋破旧，现在楼房也多了；以前孩子们穿着破旧的衣服，现在孩子们干净整洁，满脸童真，人们的精神面貌更是发生了巨大变化！

李子柒视频里的"谷底婆婆"

厄哩
白马大寨的前世今生

撰文、摄影 / 田明霞

　　春末的一天，绵阳市平武县白马藏族乡厄哩古寨里，微风吹过村民才如牙种在门前的一排芍药花，落英缤纷，洒在低矮的木栅栏前。寨子里的房前屋后，一树树李花正在尽情绽放……跟随着厄哩村党支部书记晓木的步伐，我们走进了这个上榜第三批"中国少数民族特色村寨"名单的厄哩村。

　　厄哩，曾经是原白马公社所在地，是白马十八寨中最大的寨子，因此白马藏族文化历史悠久、独特而灿烂。

白马老寨：
最大的白马藏寨成旅游胜地

古老的厄哩寨子，四周大山环抱。那日，清晨的阳光翻过大山，照耀着寨子里绽放的春花。我想，"人间四月芳菲尽，山寺桃花始盛开"说的就是这幅光景吧。

寨子里人不多，但家家户户都用栅栏圈着一块自留地，种上的各种庄稼才冒出新芽，一块地里的油菜花却已开得耀眼……沿着石路拾阶而上，更多土木结构的房子冒了出来，三三两两，错落有致。身着白马藏族服饰的村民，或在伺弄庄稼，或坐在屋檐下的长木凳上晒太阳。我们还遇到从河北来的九绵高速工地建设者家属，正伫立在石板路边眺望远方，陶醉着大山深处的无边春色。

37岁的格英他正在修补货车轮胎，母亲一大早就上山挖野菜去了。格英他在2015年和父母从山上的老寨搬到了如今的厄哩村2组，妻子在平武县城租房陪儿子读幼儿园。为了给父母治病，格英他家花光了积蓄。这几年，格英他自学汽修技术，加上党和政府的好政策及乡、村干部的关心帮助，2018年他成为村里的"脱贫之星"，还买了一辆小面包车。

厄哩村2组地势较平坦，位处在建中的九绵高速公路边上。"等路一通，生意肯定会更好，旅游业也能发展好起来了！"畅想今后村寨的美好变化，格英他咧开嘴笑了，露出一口白牙。

格英他现在已将自家一楼改为民宿，在暑假及国庆等节假日接待游客，生意不错。和很多村民一样，格英他也在房前屋后的空地里种些土豆、野菜和无公害蔬菜，家养猪制成的腊肉，都是游客们喜欢的特色农产品。此外，格英他还养了十多头牛和七匹马。

"厄哩村是白马藏族乡最大的寨子，3个村民小组共有96户310人，也是白马藏族乡原乡政府驻地。"晓木说，近年来，厄哩古寨不少人家都在搞旅游接待，游客到了厄哩古寨，可以住特色木楼，吃牦牛肉、腊肉、排骨和各种当地特色野菜、火烧馍、土豆、有机蔬菜、酸菜汤等，晚上还可以围着篝火，一边喝着香甜的青稞美酒、吃着烤羊肉，一边欣赏白马藏族的独特歌舞。

同住在厄哩村2组的刘伟接过话茬说，他就开了名为"花腰带"的农家乐，挣了不少钱，2015年家里新修了一座大房子。"2017年，在重庆读大学的小舅子建议下，我开始在网上发布信息推广自家农家乐，果然有越来越多的客人在网上预约，到我的农家乐里开篝火晚会、唱祝酒歌、抹锅烟煤灰、骑马转山欣赏美景……巴适得很哦！"

神秘古寨：
没有文字记载的"白羽毛"故事

离开格英他家，走不远，就看见 55 岁的才如牙正在自家门前制作毡帽。才如牙是平武"白马毡帽擀制技艺"的省级非物质文化遗产代表性传承人。

放眼望去，厄哩村的民居屋顶上都塑有白色的公鸡像，村民们的毡帽上也都插有白色的公鸡羽毛。传说，白马人在古代的一次战斗后疲惫地睡着了，敌人却在深夜前来偷袭。这时，一只白公鸡突然高声打鸣，惊醒了沉睡的战士，他们奋力搏杀才避免了全军覆没。白公鸡从那时起成了当地人心中的神。

"白马藏族服饰独具特色，盘形毡帽是重要饰物，非常特别，盘形加上荷叶边，戴在头上像一只倒扣在脑袋上的毡质白瓷盘。毡帽是由山羊毛擀制的，上面排缠红蓝两色细线，线与帽之间插上白色公鸡的尾羽。"嘎玛措说，毡帽展示了他们的民族精神。生于 1994 年的嘎玛措是从厄哩古寨成长起来的"90 后"大学生，大学毕业后如今在平武县委统战部工作。20 多年前，嘎玛措的父母在厄哩古寨里最先做旅游，取名"白马第一接待站"。

才如牙家一尘不染，木地板光洁透亮。他不仅会做毡帽，还会做"曹盖"（意为面具），一边说一边就向我们展示了他刚做好的两个"曹盖"。只见这两个面具面容狰狞，神情相似却又各有不同。"跳曹盖"作为白马藏人驱邪的传统舞蹈至今仍在传承，于每年农历正月初六举行。

参观完家里，才如牙又带我们去到他家后山上的菜园边，看到他种的重楼等中草药材生机盎然。"我在山上还有一个 20 多亩的草场，养了些牦牛和马。"

如今，为了保护和传承白马藏族文化，仅厄哩村就有"跳曹盖""白马毡帽擀制技艺""白马剪纸""打糍粑"等 6 项已申报成功的非物质文化遗产项目和才如牙等 5 名传承人。

"世外桃源"：
李子柒到厄哩寨拍视频引赞叹

蓝天白云下的厄哩寨，美得像童话世界，一位身着白马藏族服饰的婆婆进入我的视线。白马乡林业站站长齐汝说，这位婆婆就是李子柒视频中倒马奶的谷底婆婆。她生于 1945 年，是土生土长的厄哩寨人。但遗憾的是，等我忙完其他采访过去时，谷底婆婆已坐车去平武县城走亲戚了。

李子柒骑马的抖音视频发布于 2019 年 11 月 14 日。视频中，李子柒穿着红色披风，骑着一匹高头大马，从一条石板路上进入镜头。拴好马后，在一处木头、泥土盖成的房子前，一

位穿着白马藏族服饰的婆婆坐在门口。李子柒上前，两人一个深深的拥抱，婆婆满脸笑容。之后，两人来到屋前，李子柒坐在门口，望着远方。大门口的上方，挂着羊角。随后，婆婆从屋里端出一锅马奶，倒进了李子柒带的容器内。最后，李子柒骑马离开。视频中还穿插了当地的自然风光和牛羊成群的画面。这段视频时长 100 秒，发布后有 20 余万人点赞。

"这视频我们都看过，就是在厄哩寨拍的。"晓木讲，谷底婆婆曾说过，她也不知道李子柒是怎么找到她的，只是热情地要婆婆帮忙拍那段视频，最后还给了谷底婆婆 200 元辛苦费。

虽然视频中的老房子已经有些破烂，平时都堆放杂物。但就如评论所言："世外桃源，大山空气清新，好清静。"

据白马藏族乡党委副书记、政法委员杨光李介绍，近年来，厄哩村大力发展特色种植，加大基础设施建设投入，村里不少农户自建农家乐、打造乡村民宿等特色产业。同时，跳曹盖和擀毡帽等当地传统技艺也慢慢走出山寨，展示着白马藏寨的特色风物和人情故事。

采访过去一段时间后，白马乡山洪暴发，厄哩村受灾严重。灾害发生后，平武县委成立白马留守工作组，重点抓好人员安置、监测预警、基础设施抢修、文化保护等工作，全力抓好白马片区灾后恢复重建工作。截至 2020 年底完成了房屋和公共区域清淤工作，开春后则重点进行重建、维修加固、修河堤、地灾治理等工作。

天灾无情人有情，希望随着救灾工作的不断推进，美丽的白马厄哩大寨能早日恢复往昔的生机和活力，让更多的人通过厄哩寨，感知到历史悠久、绚丽多姿又独具特色的白马藏族文化。

云上苗岭 幸福玛瑙

  玛瑙村，地处川西南小凉山地区，位于乐山市马边彝族自治县城东南方，距县城 36 公里，面积 23.269 平方公里，平均海拔约 800 米，是民主镇（原民主乡）人民政府所在地，也是汉、彝、苗三族群众共同繁衍生息的村子。距离镇政府 4 公里的玛瑙苗寨，地处海拔 1 200 米的高山区，金沙江和岷江的分水岭，常年云雾缭绕，空气湿润，风光秀美，是个地地道道的天然森林氧吧与生态康养胜地，有着"云上苗岭"之美誉，恰似镶嵌在玛瑙村这片多民族和谐共居之地的一颗珍珠。

玛瑙苗寨全景

初识玛瑙村

　　阳春三月，春光明媚，我慕名前往玛瑙村采访。

　　从马边县城出发向南，沿 348 国道线逆河而上，约 40 分钟的车程，便到达了目的地。在镇政府，镇党委宣传委员马阿牛告诉我，玛瑙村原名"马脑村"，因村子所处的玛瑙山脉有一段形似马脑而得名。村民们希望马脑村能成为像珍珠玛瑙一样光彩夺目的明珠，便改村名为"玛瑙村"。

云上苗岭玛瑙村

民主镇是马边县唯一的苗族聚居地，也是乐山市最大的苗族聚居区，全镇现有苗族人口1 080余人，占乐山市苗族总人数的89%，是距省会成都市最近的可体验苗族风情的旅游佳地。

"我们玛瑙村辖11个村民小组，共有农户974户3 876人，村内有村级活动室1个、农家书屋1个、中学1所、中心校1所、村小2所、村卫生室4个。现全村有耕地3 240亩，林地25 800亩，主要经济作物为玉米、水稻、马铃薯，产业以茶叶、林竹和畜牧业为主，已建成茶园5 100亩，其中投产茶园4 500亩，另种植青梅120亩，村里还有专业合作社3家。2017年8月，村子被国家住建部评为'人居环境保障基本示范村'。同年，被国家民委命名为'中国少数民族特色村寨'。2018年2月，被评为'四川省乡村旅游精品村寨'。"村党支部副书记廖宣兵向我详细介绍说。

廖宣兵与村民委员会副主任刘雨庆陪我一同去探访村里的千亩茶园。缓行在茶园里的步道上，只见步道两旁的一行行茶树已冒出尖尖嫩芽，茶农们正在忙碌采摘。据悉，这一年天气晴好，出茶时间比往年提早10来天，收益应更可观。

离开茶园，走了约半小时的羊肠小道后，我们站在了玛瑙山脉的山脊上。放眼望去，山脊两侧林海茫茫，沟谷幽深，一块刻着"分水岭"三个红色大字的石碑就在我们前方。我知道，看到这块石碑，就说明玛瑙苗寨快到了。

亲近玛瑙苗寨

玛瑙苗寨的寨门旁有一观云台,站在台上向下俯望,整个寨子的景象尽收眼底。只见在青山绿林环绕的苗寨中央有一幢青瓦、花檐、白墙、红柱的房屋,屋顶装饰有弓箭、牛头、牛角等图案,极具苗族特色。廖宣兵与刘雨庆告诉我,那是寨里的鼓楼。鼓楼四周是栋栋青瓦红墙的苗族民居。

再举目四望,视野开阔,远山近林相依相伴,恰似一幅美不胜收的水墨山水画。听说,晴空万里之时,站在观云台可远眺马边国家级自然保护区大风顶;阴雨连绵时,可近观云雾、烟雨环绕,体验云上苗岭之奇妙。

刘雨庆对我说,在上级党委政府的关怀下,玛瑙苗寨于 2013 年 8 月正式动工修建,2014 年 10 月全面竣工。寨里建成有占地 1 000 平方米的鼓楼(多功能活动室)1 幢、多功能苗族风情文化广场 1 个、安全饮水供水厂 1 个、650 米环形硬化道路 1 条、后山休闲慢行步道 800 米、观光亭 6 座、特色民居住房 25 栋、沼气池 50 口、入住苗族群众 50 户 270 人。鼓楼里配套建有苗俗博物馆、农耕博物馆、妇女儿童之家兼刺绣室、卫生服务室、幼儿园、

快乐花山节

游客接待中心等。

进入寨子后，我来到了位于鼓楼三楼的苗俗博物馆。馆内的展品有苗族服饰、银饰、绣品、蜡染围巾等手工艺品以及皮鼓、唢呐、芦笙等乐器。

据介绍，苗族支系很多，分青苗、白苗、花苗、红苗、黑苗、小花腰苗、梳子苗、独角苗、高山苗等，玛瑙村的村民们是白苗。通常苗族男子上衣都穿对襟、大襟式短衫或青色、蓝色右开襟长衫，束宽大腰带，下穿大脚裤，冬天系绑腿，简朴大方。苗族女性多穿大襟式右开长衣配宽脚裤或百褶裙，外系围裙，长衣喜用五颜六色的丝线绣上花、鸟、鱼、虫、蓝天、白云、波浪等具有苗族特色的花纹图案，服饰的颜色以红、黄、蓝、白、绿、黑等色为主，华丽多彩。

苗族同胞喜欢银饰品，以多为美，以重为富，故而种类繁多，厚重精美。如女性头戴的银冠、耳戴的银环、颈戴的银圈、手戴的银镯、身着的银衣、脚套的银链……层层叠叠，令人惊叹。

芦笙是苗族传统手工制作的竹木结构簧管乐器，分大、中、小等多种类型，音色明亮浑厚，男女均可吹奏。在苗家，每逢节庆与婚嫁、起房盖屋等喜事时，人们都会手捧芦笙，载歌载舞，抒发欢乐之情。

同在三楼的农耕博物馆以展示苗族高山农耕文化为主，馆内展品多是蓑衣、木盆、扁担、渔具、茶具、鸟笼等苗族群众日常生产生活中使用的物品。其中最为特别的展品是木制纺纱机与织布机，我去时，两位苗族妇女正现场演示传统纺纱和织布的技艺。

"我们苗族穿的衣服过去都以麻织品和棉织品为主。相传先祖楼珊、楼尼请来楼妹、楼姐坐

推磨

载歌载舞

船出海带回五色棉种进行种植，后来勒归发明了纺车和织布机，并教会族里妇女纺纱和织布，女人才有裙穿，男子才有衣穿。"村民王中祥说。

位于鼓楼二楼的妇女儿童之家兼刺绣室是马边花间刺绣合作社最初的办公地，该合作社是全国人大代表、全国脱贫攻坚先进个人、2020 中国非遗文化年度人物奖获得者乔进双梅等 6 名女同胞在市、县妇联组织与民主镇党委政府的关心支持之下共同创办的。

听村民王中元介绍，苗绣有平绣、辫绣、结绣、缠绣等十多种绣法，花纹图案有麒麟、龙、凤、鱼、虫、花草、石榴、桃子等，颜色主要有大红、水红、紫红、深绿、橙黄等色，可绣于头帕、上衣、裙子、围裙、背带、围巾、荷包、手帕等各种服饰上。如今，苗绣技艺不仅成为非物质文化遗产，还助推着苗族群众增收致富。

鼓楼前方的苗族风情文化广场是寨里人在节庆日和每遇喜事时举办丰富多彩文化体育活动的重要场所。苗族节日很多，有过年节、花山节、三月三、重阳节、吃新节、采茶节等，其中以过年节、花山节最为隆重。

苗俗博物馆

过年节与汉族春节相似，分为三个阶段。一是腊月三十辞旧岁，称为过小年。一家人要吃团圆饭，夜里烧水洗脚，且水不能倒，寓意干干净净迎新年、走好运。睡前，每户人家要用纸钱封大小门、盛粮器皿等，即封财。二是正月初一至初三迎新岁，称为过新年。初一早上，人们要在公鸡打鸣后去"抢新水"，晚上给灶神点七星灯；初二清晨，要先为祖先扫墓，后带上礼品按辈分走亲访友；初三黎明时分，用准备好的祭品祭祀列祖列宗，祈愿他们保佑后人平安幸福。三是正月十五元宵节，称为过大年。当晚，人们举行"采青"活动后，会再次在灶台上点七星灯，送灶神回天庭。

花山节一般在每年农历六月初六到十五举行。过节时，寨子里的苗族同胞会在广场上围着花秆敲鼓鸣锣、唱歌跳舞、吹唢呐、吹芦笙……当然，爬花秆、拔河、射弩、摔跤、踢毽、过刀山等趣味横生的娱乐竞技活动也是必不可少的。花山节还是苗族青年寻偶恋爱的佳节，年轻的男女们在节日期间通过对歌、跳舞得以相见、相识、相知，最终订下终身，喜结良缘。近年来，随着玛瑙苗寨花山节吸引力的不断提升，每逢节庆，前往苗寨感受苗家风情的省内外游客越来越多，有力助推了当地旅游业的发展。

离开广场，我来到村民黄安华的家。黄安华告诉我，寨里每栋民居有2户居民居住，每户住房面积120平方米，楼上是主卧，楼下是客厅、客房和厨房。目前，寨中有3家苗家乐和5家民宿可为游客提供餐饮住宿服务。

苗族手工艺品

民主镇党委书记王进向我介绍，现在来苗寨的游客们不仅可以吃到寨里香甜美味的面面饭、色香味俱全的辣子鸡、口感细腻的糍粑、爽口的石磨豆渣汤等苗家特色美食，品尝苗家人自酿的美酒，还能到村民的菜地里亲手种植和采摘蔬菜，体验田园生活。

王进还说，玛瑙苗寨周边景点众多，除了千亩茶园和分水岭山脊、花椒坪苗寨、代家沟苗寨、代家沟瀑布群、代家沟天然游泳池、雷马屏农场分部旧址等也均是休闲旅游、森林康养的好地方。下一步，镇党委政府将带领玛瑙村"两委"对接引进的旅游公司，共同出谋划策，在提升原有景点基础设施，打造镇里小谷溪到苗寨环形旅游长廊的同时，深度挖掘和推广苗族文化，实行"旅游＋农业"发展模式，带动更多苗族群众致富奔康。

苗族风情铜质壁画

桃花盛开的 彝乡

撰文、摄影 / 品墨

循着金沙江—雅砻江—安宁河—楠木河—麻陇河的线路，可以到达攀枝花市米易县麻陇乡中心村。

中心村辖 14 个组，有 708 户 2 609 人，其中彝族人口 1 971 人，占总人口的 75.6%，是米易县彝族人口总数和比例最高的乡村。它所属的麻陇乡，当地彝语称"姆陇"，意为地形像马槽的地方。从高处看，这里四山环绕，中心村地处中央的山间盆地，风景独好，也是麻陇乡十余个村的中心，故得名"中心村"。

团山堡的彝家宅院

中心村保留了传统村落之美，2016 年被国家住建部评定为"中国传统村落"，2020 年被国家民委命名为"中国少数民族特色村寨"。

桃乡彝寨

我在 2021 年 1 月 19 日（大寒节气前一天）的傍晚来到中心村。这是一年中最冷的时候，山里的夜晚更加寒冷，但太阳能热水器里放出来的水却出人意料地烫，可以洗个舒服的热水澡，可见当地日照充足。

山村夜静，隐隐的水声是最好的催眠曲，一夜安睡。次日清晨，我是被明亮的阳光唤醒的，窗外传来鸟鸣声，鸡犬之声。昨晚进村，发现中心村的乡场地形是一个大大的斜坡，此时起床，开窗，冬日暖阳正好照在这面向东的坡上。

阳光招引人迈开步伐，上街，没几步就暖和起来。到中午，气温已攀升到 20℃，大寒不寒。中心村是麻陇乡政府所在地，形成了初具规模的乡场，两条主街呈 T 字形交会，修建在大斜坡上，以竖向的街道为主，餐馆、旅馆、商店、市场、文化馆、陇姆广场（火把节广场）……一应俱全。乡场规模不算大，可大清早已经非常热闹，野生猕猴桃、蜂蜜、特色泡菜、水灵

冬天的中心村，满树红柿

灵的各色蔬菜……小贩们忙着招揽生意，小吃店老板忙着接待顾客，买菜的老乡来来往往，小小的乡场富有生气与活力。

乡场的建筑都是现代风格的，但走出乡场就能看见依山而建的成片传统民居，用赭红色的泥土夯筑成厚实墙体，上覆青瓦，质感古朴，色彩鲜明，既有彝族民居的装饰图案，又有川西坝子的院落格局，彝汉文化融合的特征明显。有的民居院子里还辟有小块菜地，绿油油的蔬菜生机勃勃，平添生活气息。

站在高处看，中心村人烟密集，村落集中，而彝族民居建筑最集中、最富美感、留存最完好的当属中心村5组的团山堡。团山堡地如其名，约50户人家聚集在一块鼓起的山包上，传统民居层层错落，挤挤挨挨，使得堡内巷道曲绕交错，恍若迷宫。麻陇乡的黄鑫乡长说："堡外的人第一次进入，往往会迷路。"

麻陇乡是著名的油桃之乡，种植面积6 000余亩，年产200万公斤。这里平均海拔2 300米，日照时间长，昼夜温差大，所产油桃脆甜可口，形成了"麻陇妞妞桃"品牌，产业扶贫效果显著。中心村是乡里的油桃核心产区，团山堡就在油桃园的包围之中。每逢2月油桃花开与5月油桃采摘季，村里的风景都是极为美丽的。只可惜现在是深冬季节，油桃树裸露着枯枝，但蓝天艳阳下的满树红柿给颜色单一的冬季增添了色彩，惹人垂涎。摘一颗放进嘴里，甜中带涩，老乡说要加工过才好吃，难怪无人采摘，全留给了鸟儿。

油桃花丛中的村寨美不胜收（麻陇乡政府供图）

　　我走进村民安国英的家，廊檐上画着彝族标志性的红、黄、黑三色火镰纹、蕨芨纹，木梁上挂满金黄色的玉米，院子里的三个竹筛则晾晒着柿饼和小米辣。小米辣是明艳的红色，制好的柿饼是富有质感的棕红色。热情的主人招呼我品尝柿饼。咬开，表皮柔韧，果肉软糯，有点像溏心蛋，甘甜可口有嚼劲。邻居马玉彬家又是另一番景象，虽是冬天，但满院的罗汉果藤爬满架子，挂满果子。寻找这片绿海的根源，却是院里水泥地中的一截空心的李子树桩，是主人随手扔下一颗罗汉果种子在树桩里，种子就还了他一个青葱果园。看来这里的水土真是好。

开旅馆的文化传承人

　　我在中心村住的旅馆叫尼罗人家，墙上挂着"麻陇乡亚拉（尼罗）文化传习所"的牌子，还有一块写满上课板书的白板，旅馆主人柴启富就是传习所负责人和板书的书写者。

　　柴启富自认是亚拉人中的尼罗人。据他说，亚拉人是彝族的一个支系，分布于麻陇乡和附近的横山乡、普威镇一带。相传尼罗人曾有文字，是方正形，不像汉字也不像彝文。

彝女桃花相映红（麻陇乡政府供图）

143

村民晾晒的辣椒和柿子

村民院子里的罗汉果

村里最后一个认识尼罗文字的老人柴成富已于20世纪70年代去世，尼罗语正在消失中。柴启富说："现在村里50岁以上的尼罗人大部分会说尼罗语，50岁以下的基本都不会说了。"他传习的内容主要是用汉语译音标注的尼罗语和尼罗习俗，学生有20多人，从七八岁到七八十岁都有，以年轻人为主。

"过年敬神，先将整只煮好的红公鸡摆在供桌上……"这是柴启富写在白板上的板书，正好适合即将到来的春节。上课前，他会认真备课，备课本是一个学生作业本，一笔一画工工整整写着每堂课的教学内容，比如一堂课的主题是天文，就写了"日（迷彩）月（喊博）星（格）云（迷

以）、风（迷海阿得）雨（绵）雷（迷谷）电（扎克）、阴（迷底）晴（迷铲）冰（米普）雪（哦普）"，汉语译音的尼罗语与汉字对照的书写，清晰明了；另一堂课是根据当地山歌旋律填词的《尼罗人民喜洋洋》："我们住在麻陇乡，我们住的茅草房。我们吃的是粗荞粮，我们穿的是麻布衣。自从来了共产党，尼罗村寨变了样……"此外，课程内容还会涉及各种日常会话用语、火把节欢歌等。

柴启富说，尼罗人的习俗主要体现在婚、丧、年节上面。比如结婚，接亲的新郎和同行之人都要被女方家用锅灰抹花脸，用树枝象征性地抽打，以警示新郎要疼爱新娘；不论送亲路途有多远，新娘都必须由女方家人背到新郎家，途中新娘脚

清晨，中心村的市场

不能落地。

　　柴启富家门口的墙根放着一只石臼，臼里立着长长的木杵。它很快就要派上用场，为20天后的春节舂捣肉松。柴启富说："汉族重视除夕夜，尼罗人则重除夕之晨。"腊月三十这天，天刚亮，人们就起床，女人煮饭、洒扫，男人准备肉品，村里的年轻小伙子们会上山采来绿松枝、杜鹃花枝，将松针铺满堂屋地面，将杜鹃树枝放进火塘，噼啪有声，满室生香。人们还会在房屋四周燃烧柏树枝，除秽驱邪，辞旧迎新。接着，每户人家都把备好的祭祀食品摆在松针上，待祭祖敬神仪式结束，全家再享用。夜里，人们吹树叶、笛子，弹月琴，跳锅庄，通宵达旦。以前，过年期间村里的毕摩每晚都要敲一小时羊皮鼓，直到正月十五。

　　"打火把，打火把，高高地打火把。看谁火把打得高，看谁火把照得亮。照得山川亮堂堂，烧死虫虫多打粮。"这是柴启富传习的火把节歌。中心村位于攀枝花市百里彝乡旅游环线上，每年农历六月二十四日举行的乡村火把节热闹非凡。过节时，家家户户都会宰杀牲畜祭祖敬神，并砍来松树杆立在房前院坝中。待到天黑，松树杆被捆成火把点燃，届时，村里会出现星火点点的美景。人们手持火把走出家门，行走在田间地头，而村里的青年男女则举着火把去到村中的火把广场，聚火把成塔，欢歌起舞。

　　火把节期间的民族体育项目别开生面，有压加（单人拔河）、扭扁担（一根扁担上的角力）、掰手腕等。村党支部书记沙成彬当年曾是体育好手，作为中心村的胜出者到县上参加

中心村唯一的毕摩侯富贵

组图：毕摩的法器、经书

这些项目的比赛，获得过二三名的好成绩。

开酒坊的毕摩

到达中心村的那天晚上很冷，是彝家乐"孟园餐馆"的彝式火锅安抚了我的胃，暖了我的身。让人印象深刻的火锅食材是彝族特色的猪肚肉，煎煮烫炒均可，吃起来醇厚入味。

"尊敬的客人，请上座呀！举起美酒敬客人呀！"彝人好客，这是中心村彝人的《敬酒歌》，他们敬的酒是当地自产的"麻陇五粮液"——富贵小灶酒、麻陇奶桑酒。

站在彝家乐院子里，能听见湍急脆响的流水声，那是奔流的麻陇河。麻陇河发源于中心村背后海拔 3 447 米的白坡山中，落差大，水量丰，水质好，滋养着这方土地，也孕育了一杯杯美酒。

生产富贵小灶酒、麻陇奶桑酒的酒坊就在餐馆上游不远处的麻陇河边，而酒坊水源则是处于更高处的白坡山腰，海拔 2 800 余米的一汪清泉。白坡山是二滩国家森林公园的核心区域，层峦叠嶂，森林茂密，它孕育的优质泉水是酿造好酒的重要保障。

酒坊主人叫侯富贵，彝族，他家自爷爷那辈从凉山彝族自治州布拖县迁来此地后便开始酿酒，已历四代。侯富贵在十多岁时跟爷爷学习酿酒技艺，2006 年开办酒坊，祖传酒曲、酿制技艺加上好水，酿出了香醇的酒液。相邻的马井村有一棵高大的奶桑树，专家测定树龄 651 岁，是国内最大最古老的一棵，年产奶桑干果上千斤，含镁、钾、铁等多种微量元素。侯富贵用自家的酒与奶桑干果泡制出的奶桑酒口感回甘，养生保健，成了酒坊的拳头产品。目前，他的酒坊年产酒六七万斤，远销到四川省内各地和广东、广西两省区。

侯富贵不仅是酒坊主人，还是中心村唯一的毕摩。

中心村的火把广场

富贵小灶酒坊

　　中心村的火把广场旁有一座彝文化展览馆，是米易县的彝族文化馆，也是攀枝花市三线建设博物馆的分馆，银饰、玉器、服饰……展品琳琅满目，从中可以充分领略麻陇彝族文化的丰富内涵。展品中最吸引我的是毕摩法器，有法刀、法琴、神笠等，古旧、独特、神秘。我多次去过毕摩文化的核心地——凉山彝族自治州美姑县多次，却也没见过类似造型的器物，可见毕摩文化在这里颇有渊源，而侯富贵正是这一文化的传承者。

　　侯富贵是1975年生人，祖上是毕摩世家，他11岁开始学毕，已是毕龄超过30年的老毕摩。毕摩服务于彝人的婚、丧、病等各个生活环节，是传统彝族社会的知识分子，侯富贵恰也契合这一角色。他10岁那年参加民族地区的扫盲班学习，后来又跟爷爷学毕，会听说读写新老彝文，这在当地极为罕见。据侯富贵估计，当地现今会读写彝文的村民不到总人口的1%，愿意学毕的新一代彝人也是越来越少了。侯富贵的两个儿子都上了大学，不可能传承父业，好在他找到了接班人——他的两个侄儿。

　　我见到侯富贵的时候，他一身西装革履，头发梳得光亮整齐。应我之邀，他换上传统的毕摩服装，用浑厚的嗓音吟唱毕摩音乐（国家级非物质文化遗产项目）。那优美流畅的唱诵声在中心村的山谷飘扬，是舒缓地述说，是深情地祝福！

灵秀藏寨 上磨村

撰文、摄影 / 泽让闼

在九环公路（成都至九寨沟旅游环线公路）沿线众多旅游景点中，素有"南看水磨，北游上磨"之说，而其中所说的"上磨"即是指地处阿坝藏族羌族自治州松潘县川主寺镇境内的上磨村。

上磨村距松潘县城20公里，海拔3 020米。如果搭乘飞机前往松潘，在飞临九黄机场上空时

上磨秋色

俯瞰，会看到群山中有个月牙形的开阔山谷，上磨村就静卧在那里。2014年，该村被国家民委命名为"中国少数民族特色村寨"。

都说一个地方是否有灵气，主要是看这里有没有水。上磨村是个被水滋养的藏族村寨，舒缓流淌的岷江河水与路况良好的213国道位于村子

的两侧，构成了村子绿林环绕、交通便利的良好环境。

传说村域里有大大小小108处泉眼。"108"这个数字在藏族群众的心目中是有特殊意义的，日常生活中只要是表达数目众多的意思就会使用，比如夸奖某人，就说他有108种好的品行；

149

形容围绕岷山雪宝顶的湖泊众多，也会用"108"来计数。这么多从泉眼里涌出的泉水，有的汇流入岷江，有的汇集成多条清浅缓流，干净清澈的溪水，随地势变化在村间九曲八拐，形成别样的风景。

春夏之交，漫步在上磨村中，你会看到溪水中有绿油油的水草，伴着水流袅娜摇摆，犹如美女的秀发，光滑柔顺，叫人心生幻想。阳光透过水面，把钻石般闪烁的光斑撒在水草上，细小的鱼儿在水草间的光影里追逐嬉戏。

村子里有户人家的门前有个小水潭，水色清幽，似一面淡蓝色的镜子。水潭边长着几株柳树，树影倒映在水中更显葱茏。柳树上挂满了五彩的小幡条，上面印着经文和动物图案，用于供奉水族龙神。在藏文化中，水族被统称为"勒"，最常见的代表形象有青蛙、娃娃鱼、水蛇、蛟龙等。藏族群众认为它们居于水中，掌控风雨，祭祀它们就可以求得风调雨顺。故每逢新年，藏族群众不只敬神山，还要敬水族龙神，仪式有趣且神秘。

因有水润泽，夏季的上磨村林木繁茂，是朋友相约、同学聚会、家族团聚的好地方。村里有好几家藏家乐，有的位于村内的中心位置，庭院开阔，鲜花簇簇；有的位于小溪边，流水潺潺，青草茂盛；还有的位于白杨树下柳林间，麻雀呼朋引伴，画眉婉转歌唱。

在藏家乐休闲，藏餐美味必不可少。打一壶酥油茶，用刚从杉树林里采来的野菌炒酸菜，再拌份新鲜的胡豆，外加手抓肉、和尚包子、肉肠、酥油饼、石板烤馍、酸菜面汤等典型的藏族美食，那感觉，幸福极了。

不过在我看来，上磨村最美的季节是秋季。每年一入秋，村子里一棵棵高大的白杨树就开始变色，从深绿到浅黄，从浅黄到金黄，再经过几场风霜后，便只留下无叶的树枝，等待新一季生命的勃发。

秋语无声

记得有一次到村里拍秋景，走在落满黄叶的小路上，听树叶在脚下沙沙作响，感觉整个人进入到一个纯粹的金黄色世界里，灿烂炫目。正陶醉时，一位老人背着背篓，拿着簸箕和扫把来清理落叶。我惊讶地问："这些落叶这么漂亮，为什么要扫呢？"她说："村里要求环境保持整洁，路上不能有垃圾。"哦！明白了。事物的两面性于生活中总是无处不在，虽然我喜欢黄叶铺地的美好秋景，但不等于所有人都会认为那是景观。

现今，随着各种惠民政策的实施，村民们的收入是不断增加，日子越过越红火。加之地处松潘县城郊，紧邻九环公路，上磨村这些年旅游业发展得是越来越好，村容村貌得到极大改善，基础设施建设水平不断提升。如村道从土路变成水泥路，家家户户都用上了自来水，村民们的出行方式从骑马变成了骑摩托、开汽车。

不过，尽管大家的生活状态是愈趋现代化，可在村中穿街串巷时，会看见村民们用来围护房屋的依然是过去用的杉板栅栏与柳枝编成的篱笆，石墙或土墙上还堆放着整齐的柴垛。曾经，村民们只在冬天农闲的时候才有时间砍柴，新柴换掉旧柴，要准备够烧一整年的量。因此，那时候一

花映藏寨

户人家门前的柴垛大小，就成了衡量这户人家是否勤劳的一个标准。但如今，村民们使用的家用电器越来越多，冬天取暖不用再烧柴，于是那些经年不换的柴垛慢慢就成了某段历史的见证，也间接地成了村里一道特殊的风景。

在民居建造方面，由于旅游市场的需求，村民们在坚持房屋外观秉承松潘藏族传统民居风格的基础上，对房屋的内部格局进行了较大的改动。以前，牲口养在一楼，人住二楼。现在，虽房屋大门上仍雕有雪狮、老虎和野牦牛等动物图案，门楣上挂着手工制作的嘴衔巨蟒的大鹏鸟，院子里有煨桑炉，建材以石头或夯土为主，但屋内的空间布局都重新按星级宾馆的标准进行规划装修，将藏族民居装饰风格与现代居所的方便舒适相结合，打造出广受游客欢迎的藏家民宿。

上磨村吸引游客的可不只是特色民宿，来到村里，他们还能亲身参与原汁原味的藏族篝火晚会。当暮色渐涌、星光闪现时，村中广场上就会燃起熊熊的篝火，篝火上烤着香气四溢的羊肉。很快，欢乐的锅庄音乐打破了夜的寂静，村里无论男女老少，无论主人客人，都会在音乐声的伴奏下围着篝火尽情地跳锅庄、喝咂酒、吃羊肉，开心极了。

近些年，上磨村先后获全国"一村一品示范村"、四川最美乡村"金熊猫"奖、四川省"绿化生态村"等荣誉，其如画的风景，独特的风情，吸引着众多外地游客前往。此外，红军长征纪念总碑碑院、世界自然遗产——黄龙景区、"圣地花海"薰衣草基地、山巴藏寨、"格勒达格"赛马场、徒步旅游胜地七藏沟以及岷江源头弓杠岭、摄影爱好者最喜欢光顾的雪山梁与雪宝顶等山峰都在村子附近。可以想见，未来的上磨村一定会比现在更让人流连忘返。

三月壤口行

撰文／刘锐 摄影／邓平模

俄么塘花海（红原县民族宗教事务局供图）

夏日高原看花海（红原县民族宗教事务局供图）

壤口村，位于阿坝藏族羌族自治州红原县刷经寺镇。壤口，藏语意为"铜锅"。过去，牧民们逐水草而居，铜锅是随身必带之物。铜锅有三足，可直接立在地上，点上柴火、牛粪，就可煮上一锅美味的食物。铜锅，寄托着牧民们对美好生活的希冀。

如今，牧民们的愿望高标准实现了。壤口村大力发展牦牛、酸奶产业，成功打造"措琼"牌壤口牦牛酸奶品牌，同时，借助俄么塘花海、措琼海、查针梁子——长江黄河分水岭等旅游资源，发展旅游产业，带动牧民就业，促进增收致富。2018年，壤口村实现脱贫。2019年12月，被国家民委命名为"中国少数民族特色村寨"。

酸奶产业致富

壤口村有两个定居点，当地人称为"360"（又名"热格冲"）和"374"（又名"甲尔卡"），意思是距成都分别有360公里、374公里。

　　热格冲，是一处三岔路口，248 国道和 347 国道由此经过。道路两旁，一些小店在售卖酸奶、风干牦牛肉、方便面等食品。我走进藏式风味酸奶 1 号店，虽然是旅游淡季，但店里每天生产的 150 多公斤酸奶已经销售一空，而到了旺季，小店每天要生产酸奶 300~400 公斤。店主桑建说："都是过路人买的，好卖得很。"

　　在壤口村，家家户户都会做酸奶，这是牧民们祖传的手艺。这里有着得天独厚的优势——不缺原材料，壤口村拥有天然草场 69 万亩，牧民们都养牦牛，一年四季都产奶。牦牛啃食青草和高原珍贵中草药，产下的乳汁，先煮沸高温杀菌后倒入桶中，加入酵母，盖上盖子，再覆上一层厚厚的棉被，使温度保持在 40℃ 左右，约 4 小时后，酸奶便凝固成型了。撒上白糖、香蕉干、葡萄干，就是一道美味的甜品。"吃太多不消化，晚上睡不着，来一碗酸奶就解决了。"桑建笑着说。

村民阿色制作的酸奶

壤口村的一家复合型小店，集餐饮、住宿、商店于一体

阿尔登在制作石刻

桑建 56 岁，是村里最早做酸奶生意的人，至今已和酸奶生意打了 18 年的交道了。最开始做生意的时候，他家还住的是帐篷，如今，住上了平房，前面开店，中间是生产作坊，后面才是一家人生活起居的地方。

桑建 1983 年入党，在村里担任过 21 年的村主任、村党支部书记。在赚到钱之后，桑建想着"大家富才是真的富"。2006 年，他牵头成立了酸奶协会，当年有 4 户人家加入协会。2007 年，他们注册了"措琼"牌商标，统一了牦牛酸奶的生产标准及价格，随后统一定制了包装桶及产品外包装，召开了产品推介会。2010 年，壤口酸奶协会在"360"岔路口修建了临时活动板房 7 间，用于酸奶的生产与销售。2013 年，原酸奶协会升级为"红原雪玛格牦牛养殖专业合作社"，合作社集牦牛绿色生态养殖、规范奶源奶品质量、生产酸奶牦牛肉等为一体，社员已发展到 66 名。2016 年，在社员入股和红原县政府的扶持补助下，合作社投资 156 万元，修建起了集酸奶生产、旅游观光、体验品尝等为一体的合作社厂房和体验馆。我们在现场看到，社员们正忙着搬运东西，准备迎接即将到来的旅游旺季。

谈及酸奶销售，桑建得意极了，"措琼"牌酸奶备受游客青睐，产品远销成都，年销售量达到桶装 7.2 万、杯装 10.8 万，年收入达到 255 万元，实现入会业主年均增收 3.9 万元，带动周边牧户年增收 1.9 万元。

坚守石刻技艺

阿尔登，是壤口村唯一会做石刻的手艺人，已 81 岁高龄，除了听力不太好外，老人步履矫健，身手敏捷。一进会客厅，迎面是一整立柜的书，

阿尔登说他几乎全看过。虽然没有进过学校，但阿尔登十分好学，在过去干部、知青上山下乡时，他虚心求教，渐渐地就学会了汉语和一点俄语，从此孜孜不倦，学习不止。

做石刻前，阿尔登先要学习梵文和藏文，记下要刻的文字内容，并用笔在纸上多次描摹，直到熟记于心。会客厅的小木桌上，有厚厚一摞描摹纸，阿尔登十分热情地翻给我们看，有些纸张都发黄了。阿尔登并不挑剔篆刻的材料，不拘形状、大小，只要石头上有一块足够的平面就够了。在院里的工作坊，阿尔登手脚麻利地插上篆刻刀，通上电之后，神情专注地刻了起来，粉末随之四溅。阿尔登说，以前刻石全靠人力，既费力又费时，现在轻松多了。

虽然阿尔登年事已高，也没有合适的人跟他学习，但他打算一直刻下去，直到再也刻不动为止。

扶贫改善生活

阿尔登家院子里有一栋与众不同的屋子，比较矮，不透光，有些简陋。阿尔登介绍，这是以前牧民们的"冬帐房"。壤口村平均海拔超过 3 500 米，极端气温能低达到 −36℃，牛

查针梁子——长江黄河分水岭

措琼海（红原县民族宗教事务局供图）

　　在俄么塘深处的山谷上，因山体周围冰川运动还形成了多处大小不等的冰渍湖。其中最大的措琼海面积约为两平方公里，也是壤口村牦牛酸奶品牌名称的由来。登至海拔 4 200 米左右的高山处，水平如镜、清冽纯净的措琼海就呈现在眼前了。

　　除了草原花海、高山湖泊景观，俄么塘花海景区里还有原生态自驾户外营地、藏族文化风情街、高原温泉和滑草、骑马等休闲项目，以及高山草甸热气球观光项目。配套的 1 000 间五星级标准的藏文化主题帐篷酒店、特色木屋别墅，可同时容纳 2 000 人用餐的湖泊水上中央餐厅，可

俄么塘景区的酒店大堂

俄么塘景区帐篷宾馆（红原县民族宗教事务局供图）

村民自制的牦牛肉干

供租用的 1 000 顶露营帐篷等设施设备都将为每一个来到俄么塘的游客提供非常好的服务和体验。

从俄么塘景区大门继续往山上行驶，不一会儿就来到了红原南部丘状高原之巅——查针梁子。山梁虽无奇绝之处，却因特殊的地理位置而有了一个响当当的名号——长江黄河分水岭。

站在查针梁子上眺望，但见丘原起伏，雪山连绵不绝，牦牛成群，景色甚是壮观。

村边的金沙江

庄上 从鱼米之乡到花果之乡

撰文、摄影 / 品墨

　　金沙江由南向北流过川滇交界处，江西岸的庄上村是沿丽攀高速出川前四川境内的最后一个村子，村子里生活着 257 户 1 061 人，其中彝族约占三分之二。庄上村彝人濒水而居，过去种植水稻小麦，沿江捕鱼，是名副其实的鱼米之乡；如今则培植芒果、花卉，发展旅游，摇身一变，成为花果之乡。

鱼米之乡

庄上村的民居墙上画作琳琅满目，形象描绘着蹦出浪花的大鱼、江涛中的渔船和渔民、划橡皮船的漂流队员。村委会一层文化展览厅里，收藏着庄上村的历史和记忆，最引人注目的是一只支着竹席的方形稻谷脱粒木斗和一艘配有渔网、织网工具、水盆的老木船以及一枚枚金光闪闪的漂流赛奖牌……它们交织在一起，讲述着庄上村"鱼米之乡"的往事。

文化展览厅的老木船出自村民倪志发家，据他说，在一二十年前，庄上村沿江的平缓地带还都是稻田，他家就有 10 亩，夏天风吹稻花香两岸，冬天蚕豆花香麦苗儿鲜，那叫一个美。靠山吃山，靠水吃水。庄上村的男人们从小在金沙江中泡大，水性很好，农闲时节，他们纷纷摇船下江，沿江打鱼。

村民胡发元的经历算得上是庄上村渔人的缩影。他生于 1966 年，七八岁就下江玩水，学会了游泳。1980 年以后，村里的渔船渐渐增多，胡发元 17 岁时开始下江

温室大棚里的花海

大棚蔬菜是民族宗教事务部门扶持项目，效益可观

1月的庄上村芒果花开

打鱼，一开始是最简单的扳罾。1985年，胡家请人做了第一艘渔船，开始了正式的渔民生涯。在胡发元的记忆中，庄上村极盛时期有70%的村民在打鱼，大小规模不同，或夫妻搭档，或乡邻为伍，全村有约50艘渔船停泊在金沙江边，蔚为壮观。最开始是木船，后来出现铁船，1998年开始改用更加轻便的橡皮艇。

早期，村民们在附近江域打鱼。20世纪90年代初，大家开始远行探险。最早是将渔船拉纤三天，到达金沙江上游云南省大姚县的湾碧乡后，一路放漂，打鱼回村。后来用东风汽车装上六七条木船，上行到虎跳峡下峡的金安大桥（距庄上村约230公里），放船入江打鱼，经两夜一天漂流回家。有的村民们还曾远足到澜沧江、怒江、雅砻江打鱼，三江并流之地都留下了庄上渔民的足迹。

细甲鱼、棒棒鱼、耗儿鱼、胡子鱼、花鱼、石巴子、大口鲢……在胡发元记忆中，金沙江鱼类繁多，运气好的时候还能打到一二十斤重的大鱼。活鱼拿去卖，濒死的鱼则自己吃，或做成鱼干。胡子鱼是深水鱼，味道最好，只用江水煮，蘸上油、盐、辣椒等调和的调料，味道却好得很。还有一道鱼糍粑，是将鱼煮熟后放入盆中，将小米辣烧焦揉碎撒到鱼上。吃完鱼肉后还可以将鱼骨烤至金黄，吃起来也很香脆。

长期的江上生活让庄上渔民练就了高超的水性，个个都是"浪里白条"，能徒手横渡金沙江的小伙子比比皆是。据村里老人杨国汉说，民国时期小伙子们都住到江边，遇到抓壮丁时就跳入江中游到对岸，从来没有人被抓走过。到了新世纪，江上技能又让庄上渔人有了新的用武之地，他们在各类漂流比赛中大放异彩，胡发元就是其中的佼佼者。

庄上村老寨的传统民居连片留存，颇具规模

　　攀枝花从 2001 年开始举办国际长江（金沙江）漂流节，赛道分为从金沙江上游的湾碧到下游的金沙滩约 70 公里的江段（拉力赛）和从金沙滩到渡口桥的 27 公里的江段（竞速赛）。庄上村的小伙和姑娘们组成十余支漂流队，代表不同地区和企业参赛，风头甚劲，获奖无数。因参赛村民多为胡姓，庄上村的漂流队又号称"胡家军"。胡发元就和 4 位村民参加了从 2001~2007 年的每一届金沙江漂流比赛，还远赴广东、广西、湖南、湖北等地参赛，收获了很多奖项。"没想到打鱼人还能登上领奖台！"胡发元现在谈起还备感荣耀。

庄上村清末盐商胡显发的老宅

2006 年前后，庄上村附近的观音岩电站启动修建，江鱼渐渐少了，村民们去工地打工，打鱼人逐渐少了，胡发元也是在此时停止了打鱼。2018 年，政府出台了禁渔政策，庄上村的渔民们彻底结束了打鱼生涯。

庄上渔民的渔获曾经长期供应给攀枝花的老牌鱼馆。前些年，曾经的渔民李明贵也效法在本村的金沙江边开起了自己的"江边鱼馆"，他利用人工养殖的细甲鱼、棒棒鱼、花鱼、黄辣丁等"江水煮江鱼"，生意不错。胡发元现在就在江边鱼馆打工，曾经的渔民兄弟，如今依然一起以鱼为生。

芒果之乡

由于地处金沙江河谷，庄上村的农田不算辽阔，传统的水稻、小麦、玉米等粮食种植也难以获取更好的经济效益。但当地的干热河谷气候适合芒果、木瓜等果树种植，大约在 20 年前，政府开始鼓励村民由传统农业转向发展经济作物，村上拉来了免费的芒果苗，出于对管理、技术、市场等方面的顾虑，少有人敢做那第一个"吃螃蟹的人"。

在园艺公司上班的村民李雪

胡志海是庄上村最早种芒果的人之一。他记得，小时候嬢嬢家的门口就有一棵芒果树，据说是从云南的华坪县移栽而来，果味香甜浓郁，他第一次吃就喜欢上了。因此，当村上拉来芒果苗的时候，胡志海便试着种了 5 棵，心想就算卖不出去，也可以自己吃。5 年后芒果树开始挂果，随着果树进入盛果期，见到了效益，胡志海便扩大种植规模。村民们也纷纷跟进，大约 10 年前，庄上村进入芒果种植的高速发展期。

这时的种植技术也更加成熟了。政府引进了 3 家果品公司，承包荒地种植芒果。村民们进入公司务工，学到了嫁接、施肥、修剪等先进技术，优化了果树品种。加上政府开展农业培训，邀请农科所专家到田间地头推广科学种植技术，村民们的栽种和管理水平越发成熟，新栽芒果树的挂果时间比过去提前了，效益更是可观。

丽新园艺公司的环控温室大棚

地处干热河谷地区，庄上村颇具热带风情

如今，走进庄上村，漫山遍野全是芒果树，有红贵妃、金煌、椰香、攀研2号、凯特等不同季节的品种，面积达上万亩，建成了国家级芒果标准化种植示范基地——梅子箐农业园区。

胡志海家现有50亩山地果园、3 000余株芒果树，他和儿子一起打理，是村里数一数二的芒果大户。他家的芒果以晚熟的凯特芒为主，1月开花，3月挂果，4月疏果、施药、套袋，八九月采摘，和海南、云南的芒果错季上市，更有价格优势。胡志海家年产芒果两三万斤，年销售收入五六万元，加上土地（稻田）流转的收入，比以前种粮食强多了。

花乡烟火

2021年1月22日，我来到庄上村，房前屋后的芒果树正开出一枝枝细碎的小黄花。当天村里气温为9℃~21℃，这里的干热河谷气候既适合种植芒果，也适合发展花卉产业。

冬天的庄上村，依然有炮仗花、鸡冠刺桐、黄花槐、黄花夹竹桃、三角梅等鲜花次第绽放，

美不胜收。走进村中那片环控温室大棚，更是陷入了花的海洋，倒挂金钟、蟹爪兰、蝴蝶兰、红掌白掌、双线竹芋、中火炬、姜荷花、平头红、糖果凤梨……有六七十个品种，还有游客穿行花间参观、挑选、购买。

国家高新技术企业、四川省农业产业化重点龙头企业丽新园艺于2012年入驻庄上村，建成了6万余平方米的12个环控温室大棚和两个展示大棚，主营室内花卉和盆栽。温暖的气候，大棚的调节，保证了全年均衡生产，形成了存货盆花120万盆、年产盆花200万盆、年产值3 000万元的产业规模，也吸纳了30多名庄上村村民为全职员工。

李雪是园艺公司的员工，家里有10多亩芒果，她以前就爱养花，自家院子里种有菊花、玫瑰、迎春花。2013年到园艺公司工作后，经过培训，她成了更加专业的"花娘"。逢年过节，爱花的她都会从公司买些仙客来、海棠、金富贵，将家里装饰一番。我没能去李雪家拜访，但猜想那花木繁茂的庭院一定十分漂亮。

庄上村的老村是一个聚居村落，约200栋

庄上村火把节（攀枝花市民族宗教事务委员会供图）

土木结构的传统民居簇拥在一起，青瓦粉墙，庭院花木，巷陌纵横，留存完好，最有名的是胡盐巴家的老宅。胡盐巴，本名胡显发（1822—1901），是村中的盐商。庄上村于2014年开始新村建设，并将新村建设与传统村落保护工作相结合，做到了新村旧村并存共荣。

阳光、果园、花乡、古村、火把节、金沙江、梅子箐水库……庄上村旅游资源丰富，丽攀高速从村旁经过，设有出口，交通方便，加上政府宣传，吸引了许多游客前来观光。村里建成了四星级乡村酒店——太阳沐歌酒店，酒店有约200间客房，设有运动场、拓展基地。另外还开了七八家农家乐，成为四川省乡村旅游提升示范项目。

快过年了，勤快的胡继梅早在一个月前就已经做好了传统美食——油底肉。这道拿手好菜是

庄上村民也是漂流高手，参赛无数，获奖多多

组图：庄上村文化展览厅

她跟大嫂学的：将肉用盐、姜、葱、白酒、草果粉腌制一晚，焯水晾干，用三尺大铁锅油炸约两小时，至黄熟，与油一起放入坛中，半年后取出食用，可蒸可炒，肉可存放两三年。胡继梅已经做了十多年的油底肉，今年她做了半坛，有四五十斤，可以一直吃到火把节。

　　过去，庄上村人过火把节是为了祝福外出打鱼的亲人平安归来，现在则成为村民与游客共度的节日。胡继梅说，庄上人喜欢在过火把节时煨上几桶油茶，围着篝火打跳、唱山歌，累了就吃油茶，又解渴又解饿。很多地方都习惯吃油茶，但在庄上，油茶是这样做的：在土陶罐中放入猪油和大米，炒至金黄，加入云南砖茶和开水，用文火煨十多分钟，最后加少许盐、核桃、芝麻酱。胡继梅热情地夸赞油茶："平时可以当早餐食用，冬天吃更是暖身哩。"

世外仲德村 人间香巴拉

撰文 / 宗尕降初

仲德村位于甘孜藏族自治州乡城县的青德镇，自古就被称赞为是一个"美丽、富饶、和谐、静谧"的好地方。这里是"田园白藏房·净土香巴拉"的灵魂所在，一栋栋具有乡城特色的白藏房像一颗颗洁白无瑕的珍珠洒落在田野麦浪间。这里的藏族同胞纯朴善良、勤劳勇敢，夜不闭户、路不拾遗是世代流传的美德。"土地平旷，屋舍俨然，有良田美池桑竹之属。阡陌交通，鸡犬相闻。其中往来种作，男女衣着，悉如外人。黄发垂髫，并怡然自乐。"仲德村好像陶渊明笔下的桃花源，更像传说中的香巴拉。

静美仲德村（柳涛 摄）

仲德村距乡城县城仅 12 公里，交通便利，气候温和，平均海拔 2 750 米，是全县粮食主产区、蔬菜种植基地和全县林果业重点发展区，也是电影《从你的全世界路过》的主要取景地之一，入选第五届全国文明村镇、第二批中国传统村落、第三批四川最美古镇古村落、四川省首批乡村治理示范村（社区）等名录。2019 年，仲德村被国家民委命名为"中国少数民族特色村寨"。

在仲德村，除了美丽的田园风光和独特的白藏房，还有菩提林、疯装、笑宴、白色灌礼等独特的景点、服饰与文化习俗。相传，藏传佛教噶玛噶举派创始人都松钦巴曾来乡城传经送法，某天在仲德村给信徒灌顶传法时不小心扯断了手中的菩提佛珠，僧人和信众们赶忙捡拾，但有两颗一直没找到。对此，都松钦巴说："因缘造化，此地与'佛'有缘，不必再寻找。"结果这两颗菩提珠就留在了青德镇，其中一颗在仲德村。随着时间的流逝，慢慢地，这两颗菩提珠生根发芽、繁衍生息，长成了如今枝繁叶茂、果实累累的菩提林。近些年，当地党委政府出谋划策，引导群众成立菩提加工合作社。据统计，青德镇售卖菩提加工品的收入已达三四百万元。

仲德村女性的服饰被称为疯装。疯装的设计集聚了纳西族、蒙古族、藏族等多个民族的服饰特点。究其缘故，是曾有多个民族在乡城县区域内生活过，于是当地藏族女性就集各民族服饰特点于一体，裁制出了一种式样别致、色彩绚丽的服装，被人们戏称为"疯狂的装束"，也就是疯装。出乎意料的是，"疯装"这一戏谑的服装名称竟慢慢变成了乡城藏族服饰的品牌名。传统藏族女性服饰一般左襟在里，右襟在外，而疯装却恰恰相反。疯装的用料非常挑剔，以氆氇为上品，颜色亮丽，其左右胸襟分别镶有五块红、黄、绿、黑、金色的丝绒三角形布料，各寓意福寿、土地、先知、牲畜、财富，连衣裙的裙摆必有 108 个褶皱。

笑宴被称之为仲德村的"扎心"饭局。笑宴无剧本和模板，成功与否全靠说笑者的临场发挥。大到婚礼、寿宴、乔迁之喜，小到朋友聚会，甚至吃顿便饭，都能有笑宴，可以说笑宴就是用乡城本地藏语表演的脱口秀。笑宴中调侃的对象既可是亲人长者，也可是在座的贵宾或邻里乡亲，说笑者尽量使用"打比方"的手法，不允许谩骂式的人身攻击。笑宴里，调侃的语言嘲弄中蕴含着智慧，嬉笑中流露着真情，每条用藏语抖出的"包袱"都会让笑宴里被调侃对象在面红耳赤、无可奈何之时，又能与其他听众一起忍不住地哈哈大笑，真是名副其实的扎心并快乐着。多年来，笑宴这种独特的语言秀已成为当地人们生活中不可或缺的组成部分。

白色灌礼意为祈求吉祥与幸福。每年传召节前一个月左右，村民们会用当地特有的阿嘎土拌水搅成白色土浆从藏房墙头浇下去。据说这能让白藏房的墙体更加坚固，让白藏房更加美丽。

真情守护，延续美丽。近年来，乡城县委、县政府按照"保护就是最大的发展"要求，以青德镇为核心，提出了"田园白藏房·净土香巴拉"

白藏房（李韬 摄）

旅游发展理念。"田园白藏房"是乡城县最具辨识度的身份标志，"净土香巴拉"是乡城县在仲德村发展休闲度假旅游的内在精神实质。

具体细述，"净土"包含了四个方面的内容。其一是生态的净土，即对仲德村的雪山、湖泊、森林、田园等自然景观进行最大限度的保护，在旅游发展过程中去景区化、去商业化、去公园化、去城镇化，让人有回归自然的深切感受。其二是文化的净土，即对仲德村本土文化进行传承与弘扬，使建筑、绘画、歌舞、服饰、泥塑、木雕等方面的传统文化艺术焕发新的活力。其三是人心的净土，即在发展旅游业的同时，延续当地村民热情好客、夜不闭户、路不拾遗的良好民风。其四是生产的净土，即仲德村按照农业生产去大棚、去地膜、去化肥、去农药的"四去"要求，坚持

绿色生产、有机生产，为村民和游客提供最纯净的食材与最有品质的旅游商品。

如今在现实的喧嚣中，享受片刻的宁静常为奢望。但仲德之美，遗世而独立，宁静而平和，正是人们心中追寻的香巴拉之地。据此，为进一步正确处理"政府与市场、政府与群众、群众与市场"三者关系，在遵循"守护原生态、传承原文化、留住原住民"的原则，保持藏乡田园底色的基础上，依托独特的地理条件和人文环境，仲德村通过创新文旅融合的形式，将白藏房打造成高端精品民宿，让村民们共享全域旅游发展红利。

乡城白藏房素以其独特的白色外观和精湛的建筑特点、宏伟的建筑风格而远近闻名。这里的白藏房每一栋占地均在 300 平方米左右，层高三

仲德村老人（老末 摄）

田园风光（李韬 摄）

到四层，但当地群众一般只使用一到二层，其余楼层都处于闲置状态。鉴于此情况，通过政府引导扶持，仲德村引进旅游文化发展公司，积极探索"公司高端定制＋农户全面参与"的民居接待和民宿发展新模式。该模式的实施方法是由公司与村民签订房屋入股或租借合同后，统一由公司出资按照"外观特色化、内部现代化"要求，在不改变白藏房外观的前提下，对房屋内部进行重新设计打造，将村民闲置房屋、民俗物品入股或出租给民宿企业，从而实现既盘活闲置白藏房资源、增加村民财产性收入，又将低端民居接待引向高端定制化民宿发展的道路。

宁静村寨（李韬 摄）

锅庄舞（宗尕降初 摄）

据悉，村民们将房屋入股或租借后，以利润分红和产品销售的方式，可以明显改变过去自主经营收入无保障的窘境。比如以房屋和民俗物品入股民宿公司的，合同约定村民可提成总收入的30%，将房屋出租给民宿公司的村民则每户每年可收取5万~8万元的租金。游客入住期间，村民经过专业培训后还可从事服务、保洁等工作，并同时可将自家的水果、畜禽等农副产品销售给民宿公司，获取销售收入，让村民既做股东又能直接参与民宿服务管理，实现"分红（租金）+销售"的双收入。

2021年，仲德村已打造精品高端民宿21家，实现年户均增收8万元；普通民宿36家（其中22户脱贫户），实现年户均增收2万元。全县直接或间接参与民宿接待的群众约500人，人均年收入达到2万余元。由县旅游投资公司打造的仲德村菔院特色精品民宿项目完工后，还将提供就

业岗位500余个，并带动周边群众200余户近千人的家庭种植、养殖业发展，有利于脱贫巩固提升。

可以说，这种"政府引导＋企业运作＋农户参与"的产业发展模式不仅有助于实现资源的有效利用与产业健康发展的双重目的，对加快培育群众增收产业体系，促进广大群众旅游就业、旅游增收和旅游脱贫也有着重要意义。

发展模式有了，民宿建设好了，游客来了，但如何能给外来游客一个美好深刻的印象，如何能更好地打造优良舒适的旅游环境，就成为仲德村需要思考的又一个问题。为此，村里制定了《仲德村乡村净化家园·守护生态管理办法》《仲德村"环境卫生村""清洁卫生户"评比活动实施办法》，针对村内、院内、屋内和个人卫生四个方面，规范了不乱丢弃、不乱堆放、不乱搭建、不乱张挂、不乱圈占、不乱放养的"六不乱"评比标准，实现了全村环境卫生工作有标准、有载体、有抓手。村上还落实各村小组两名村环境监督员，不定期进村入户督查打分，每季度在各村民小组常住村民中评选5户"清洁卫生户"，每年在各村小组中优选1个"环境卫生小组"进行表彰奖励，并以此作为村"两委"年终评先评优和绩效评定发放的重要依据。

相信随着仲德村各项旅游设施的不断完善，旅游环境与服务质量的不断提升，这个有着优美风光与独特民俗文化的净土田园会吸引越来越多的各地游客前来一探香巴拉的魅力。

然多村

梦寻藏地古寨 情醉魅力然多

撰文／更尕当知 摄影／邓平模

　　悠久的民族文化、优美的自然风光、与人和谐相处的美好生灵……勾画了一幅迷人的田园乡村图，而这幅图画的主角就是素有"高原小江南"美誉的然多村。然多村位于阿坝藏族羌族自治州若尔盖县东北部，地处川甘两省交界处的白龙江流域高山峡谷地带。在这里，水磨转经房、古城墙、塔林、唱腔高亢雄浑的藏戏等独具魅力的人文景观，溪水、果林、雪山所组成的自然景观以及穿梭于山水之间的灵动梅花鹿，都让来此的外地游客沉醉其中，流连忘返。

　　2019年，然多村入选第二批国家森林乡村名单，同年被国家民委命名为第三批"中国少数民族特色村寨"。2020年，然多村被命名为"2019年度四川省实施乡村振兴战略工作示范村"。

民居内部

然多藏戏：40 余载的传承与保护

　　从若尔盖县城出发，驱车沿着公路行进，一路草原、高山、深谷、急流……海拔逐渐降低。正当我准备拿起相机定格车窗外一幅幅美景时，一个藏在云雾深处的村落出现在了眼前，那便是依山而建，傍水而居，静卧于达恩山和白龙江怀抱之中的藏寨然多村。然多在藏文中有"ru mdo"或"ri mdo"两种写法，可理解为"军裔"或"山口"之意。"军裔"即为吐蕃军队之后裔，"山口"意为坐落于达恩山之下。

传统民居木构

古老的石磨

藏戏《格萨尔王》的演员扮相

　　站在然多村口，一眼便能望见古朴的寨门，寨门上方的匾额用汉藏双语书写着村名，匾额两边是一副"梦寻藏地古寨　情醉魅力然多"的对联。我与同行的老师到达村口时，寨门旁正有一群身着色彩亮丽服装的村民，似在准备一场演出。上前打听得知，他们是然多藏戏团的成员，正在排练。藏戏，藏语称之为"阿吉拉姆"（意为仙女），被誉为藏文化的"活化石"，是藏族独有的艺术形式，据传在 14 世纪，因唐东杰布行善修桥募集资金而创。然多村称藏戏为"南木特"，即"传记"之意。当地流传的藏戏剧目多以传奇人物的生平事迹为表演题材，所以人们一般把这些剧目称之为"南木特"。村民们现在穿的服装是表演《格萨尔王》的戏服，其中最为瞩目的自然是扮演格萨尔王的表演者所穿的戏服。戏服金银錾刻的头盔上插着五色彩旗，全副武装的铠甲之上佩戴护心镜，腰带左右各有箭袋和弓袋。戏团把史诗《格萨尔王》中的经典片段改编成戏剧进行表演，以传承格萨尔王的传奇故事。

　　据了解，然多藏戏团已成立 40 多年。2021 年，藏戏团有 30 多名演员，皆是然多村村民，

藏戏团的演职员们

能演出的剧目有《智美更登》《松赞干布》《卓娃桑姆》《格萨尔王》等，其中演出历史最为悠久的当属《智美更登》。依托政府的支持、戏团的培训、自己的努力，藏戏团的演员们尽管皆是半路出家，但现在的技艺都很棒，演出时的观众也从本村扩展到方圆几十里的乡亲。藏戏团的一位成员说："2020 年由于疫情原因我们没能演出，但 2021 年的雅登节上我们可以代表然多村表演，到时会有上万名观众，影响力很大，既能宣传我们然多村，又可以传承和弘扬优秀传统文化。"

观看藏戏是当地农牧民群众的一项重要娱乐活动，每当藏戏开演，他们都会从头至尾地观看。"尽管电视、手机的普及会吸引走不少观众，但我们更多的当地群众还是喜欢这种生动的艺术表达方式，它能够起到一种抑恶扬善、明辨是非的教育作用。"益西泽仁如是说，他是《格萨尔王》在然多村第一次演出的那年加入藏戏团的，现已有 7 年，他最拿手的是吹长号。

习近平总书记指出，乡村振兴，既要塑形，更要铸魂。格萨尔王的故事是高原上传唱千年的传奇，是中华民族优秀传统文化中的瑰宝，而然多村的藏戏就是以文化振兴为乡村"铸魂"的一种表现。

村口的溪流和磨坊

脆李与藏家乐：萌芽中的新产业

　　了解完藏戏，我们继续漫步在这高原小江南，碧空如洗、春暖花开、香气袭人，处处充满着生机与活力。就在我们到来的前几天，然多村刚忙完翻整土地、播种育苗的春耕生产。据村干部泽足介绍，2021 年然多村共翻整土地 350 亩，主要种植青稞、大豆、土豆等传统农作物。交谈间，我们看到善良、温和、勤劳的藏族阿妈们背着篓子去田地里忙农活，面对镜头，她们羞涩一笑。

　　曾经的然多村是一个半农半牧的高原小村庄，但随着政府的大力支持和当地村民的努力，村里的产业结构发生了新的变化，尤其是在 2018 年开始试种青红脆李后，打破了当地难以种植特色水果的瓶颈。现下，然多村准备把脆李种植发展为特色支柱产业，增加村民的经济收入。"2019 年，我们村共流转 70 亩土地种植脆李，2020 年又加种了 50 亩。"村委会主任对我们说。因为脆李的生长周期一般为 3 年，经济效益见效快，加之之前的成功试种，相信村民们 3 年后定会有明显收益。而且，连续两年流转土地种植脆李，当地村民不仅可以获得土地流转的租金，还能赚取种植脆李的劳务费，其收入远比种植传统农作物要高出许多，村民的生活有了更多保障。

　　如今，旅游业与乡村振兴的结合更使村寨的面貌焕然一新。独具特色的藏家乐作为然多村的集体经济，既能给当地村民提供就业岗位，又能给前来游玩的客人们提供必要的食宿服务。在这里，游人尽可以走进乡村，看藏寨、品藏茶，悠闲自在地在村中感受久违而惬意的田园生活。

野桃花丛中的梅花鹿

梅花鹿：桃花丛中一道亮丽的风景

　　然多村位于铁布梅花鹿自然保护区的核心地带，其区域内森林覆盖率高，植被资源丰富，野生动植物种类繁多，如桃树、松树、白杨树、桦树、梅花鹿等。受到气候、地貌、海拔等诸多因素影响，在这里还能欣赏到许多意想不到的壮丽美景，不过这之中最吸引我的还是可爱的梅花鹿。

　　梅花鹿又名四川花鹿，因身上有许多白斑，状似梅花而得名。近几十年来，政府实施的退耕还林、退牧还草政策，加上当地人自发的保护措施，使得然多村在自然生态不断积蓄生机和活力的同时，也成了梅花鹿的天堂。

　　与同行老师穿梭在村中，不知不觉已到午后，想象着与鹿同乐的动人场景，我们立刻登车，上山寻鹿。半途中远远看到了梅花鹿，虽说看得不是很清楚，却还是有些小激动。为了能看到更多的梅花鹿，我们继续驱车前行。忽然，司机惊呼道："有梅花鹿！"大家立马看向其所指之处，真的，在路旁的山坡上有7只棕黄色的梅花鹿，距我们仅数米远，可惜还未来得及细看，鹿群已发现我们。或许是受到了我们的惊扰，它们飞快地隐入密林深处。

　　在我看来，走进然多村，就如走进了人与自然和谐共处的美丽画卷，这里的美是那么的自然、和谐。在这里，闭上眼睛，听到的是万物的声音；睁开眼睛，看到的是然多的美景。在这里，故事与传奇由人们心口相传，时间的光影在田园中缓缓流淌，千百年形成的传统仍忠实传承。我知道，然多之美，美在于文化，美在于自然，美在于村民为幸福生活的努力。

底底古村

深山探访彝寨美

撰文、摄影 / 王永春

刺绣展示

迎着仲春的轻风，驾车从乐山市峨边彝族自治县县城沿着大渡河的支流官料河逆流而上，一路河水激荡，鸟语花香。很快，我就抵达了位于黑竹沟景区旁的底底古村。此刻，淡淡的云雾在村后的山间飘荡，仿佛给山林披上一层薄纱，村中一幢幢彝族风情浓郁的新房子错落有致地分布在山坡上，掩映在绿树丛中。这个坐落于群山环抱，云雾缥缈间的村庄显得格外宁静美丽。2017 年，底底古村被国家民委命名为"中国少数民族特色村寨"。

新寨建设气象新

底底古村是一个彝族聚居村，距峨边县城 53 公里，位于黑竹沟镇西北面约 2 公里处，平均海拔 1 080 米，有 3 个村民小组，211 户 786 人，森林覆盖率达 70%。2013 年，底底古村被纳入彝家新寨建设市级示范村实施项目，先后完成民居、村级活动室、活动广场、连户路等建设，修建了寨标、旅游栈道、通村公路等，全村基础设施和群众住房条件得到明显改善。

在新寨建设过程中，民居的屋顶、窗套、墙裙、腰线的装饰色统一使用了彝族群众最为偏爱的红、黄、黑三色，鲜明亮丽。民居屋顶、墙面上装饰的牛头、牛角、玉带等图案，精美别致，民族风情十足。在寨中漫步时，我还看到一些民居的外墙上用汉彝双语书写着彝家经典谚语与宣传文明新风的标语，既美化了村容村貌，又潜移默化地推动了乡村治理，弘扬了社会主义核心价值观。

底底古村曾经是省定贫困村，2014 年有贫困户 60 户 272 人，2017 年整村脱贫摘帽，2020 年村民人均纯收入达 11 650 元。

为更好地提升村容村貌，助推村民们致富奔康，如今底底古村不仅种植了 300 亩竹子、35 亩茶叶、800 株桃树，还引进了企业建设乡村酒店、打造新寨"微田园"150 多个、建成旅游步行道 3 公里。同时，还成立了彝族手工刺绣工作室，现已升级为四川省妇女居家灵活就业基地。

走进村民吉苏丁加的家，只见客厅里整齐地摆放着崭新的沙发、电视机等，卧室、厨房、浴室一应俱全。"以前，我们一家 6 口人住在歪歪倒倒的房子里。在政府的帮助下，我才修起这栋 130 多平方米的新房。"说起现在的生活，吉苏丁加满心喜悦。当下，底底古村家家户户都像吉苏丁加家一样，享受着幸福新生活。

来到位于村内的幼儿园，只见老师带领着一群孩子在充满童趣的教室里上课游戏。幼儿园里不但有专门开设的美工、积木、阅读等区域，还有一体机、电脑等现代化的教学设备，以及大型户外活动设施、有趣的教学玩具等，为在园的孩子们提供了一个优质的教育成长环境。"过去，带着孩子上山干活总是不放心。现在好了，孩子早晨送到幼儿园，有老师教，老师管，我们一点也不担心了。"村民们开心地对我说。确实，村幼儿园的开办，让孩子能在家门口接受教育，也彻底解决了村民们干农活与带孩子难以两全的矛盾。

文旅结合助增收

底底古村是距离国家 4A 级旅游景区、被誉为"中国百慕大""森林氧吧"的黑竹沟风

景区最近的一个村子。因紧邻景区，按照景区发展规划，底底古村提出了"沟里游、沟外住"的乡村旅游规划方案。为此，2015年，底底古村特邀专家编制了《峨边彝族自治县底底古村旅游开发策划方案》。

2018年，乐山立事达集团在村里建成全市首个村级文化酒店——禅驿·黑竹沟度假酒店。酒店背倚雄奇高山，面朝幽幽峡谷，11个融合了彝族文化元素与禅文化元素的精致别院错落分布在村子的上、中、下三个区域，村里极富民族特色的日月广场上还会不定期表演彝族传统歌舞。

酒店服务人员都来自本村，经过专业培训，足不出村就实现了就业增收。"村里建起酒店后我便回来工作了，在家门口就业，有一份稳定收入，又能照顾老人小孩，真是太好了！"在酒店当服务员的村民司杜巫牛说。司杜巫牛已是两个孩子的母亲，以前在外务工总是放不下对孩子的思念和家的牵挂。酒店落户村里后，她选择了回乡就业，每月有3 000元收入，如果有客人想要体验彝族文化，还能通过参与彝族歌舞表演多挣一份收入。说起当前的工作和生活，司杜巫牛十分满意。像她一样，村里在酒店务工的村民共有10人。

"酒店环境清雅，又富有民族特色，吸引了不少客人前来。今年'五一'劳动节假期期间的客房早已预定满了。"酒店负责人告诉我，酒店已接待过来自浙江、广东、广西、重庆等省市区的旅行团、调研团、考察团。

绣娘欢聚

底底古村一角

现在来到底底古村，游人们除了能欣赏美丽的风景，呼吸清新的空气，还能品尝到原生态无污染的美食。待到日落西山，夜幕降临，村里能歌善舞的彝族姑娘和帅气小伙就会热情地带领大家围着篝火，跳起欢快的舞蹈，感受传统的彝族风情。此外，游客还可购买村民的新鲜蔬菜、腊肉、竹笋、蕨菜等农副土特产品。据悉，乡村旅游业每年可带动村民增收 80 万元以上。

眼下，底底古村立足独有的区位优势、自然资源和人文风情，探索出一条"文化 + 旅游 + 扶贫"的发展之路，在大力推进乡村旅游的同时，持续推进新村建设、产业发展、文化传承、服务提升，成了黑竹沟百里旅游文化长廊上一颗闪亮的明珠。2019 年，底底古村荣获"乐山市脱贫攻坚先进集体创新奖"。

文化传承添活力

底底古民俗馆是了解当地彝族历史文化的一个窗口。走进民俗馆，一件件实物和翔实的

图文介绍便展现在眼前。峨边彝族过去的生产方式主要是农耕、狩猎。在繁重劳动之余，当地的彝族同胞也会开展摔跤、赛马、蹲斗、掷石等活动，玩耍斗腔、狐狸踢仔、讨火种等游戏，增添生活的乐趣。

民俗馆着重对彝族毕摩、苏尼文化进行介绍，让人们了解到毕摩文化是彝族文化的重要组成部分，增进了人们对彝族传统文化的认知。

峨边彝族社会一步千年。随着中华人民共和国的成立，当地的彝族群众从奴隶社会一步跨入了社会主义社会。翻身做主人后，彝族群众积极投入到社会主义建设中，特别是近几年的脱贫攻坚让彝家村寨面貌更是焕然一新，彝族文化也在持续的挖掘、保护中得到传承。

民俗馆中还陈列了当地彝族群众过去的劳动狩猎工具、生活器皿、毕摩与苏尼法器、毕摩经书，以及各式彝族服饰、银器、漆器等，直观形象地展现出峨边彝族的历史文化。民俗馆现已是峨边县的"全县民族团结进步教育基地""彝族传统文化教育基地"。

据了解，为更好地丰富群众文化生活，底底古村成立了"梦回黑竹沟艺术团"。艺术团定期在村里演出，以彝族歌舞为主。表演时，除艺术团成员外，村里的大人小孩甚至游客都可加入其中，大家一起在欢快的旋律中歌舞，让彝族传统文化浸润心田。

底底古民俗馆

羊茸·哈德村

雪山彩林下的藏族新村

撰文／胡伟

从进大门起就可以感受到羊茸·哈德村浓郁的藏族文化

"十三五"期间，阿坝藏族羌族自治州黑水县旅游快速发展，曾经靠着放牧、挖药为生的当地藏族百姓，如今在家门口就吃上旅游饭、唱起致富歌。

羊茸·哈德村（以下简称"羊茸村"）是黑水县全域旅游发展的一个缩影。自 2015 年 10 月开寨之后，来这里康养避暑、赏雪观林的游人便络绎不绝……在黑水群山即将变成彩色之际，我们走进了这个因为发展乡村旅游而焕然一新的藏族村寨，看羊茸村 45 户 202 人如何走上旅游致富路。

转思想，让旅游发展打破贫困的桎梏

羊茸村属于距黑水县城 18 公里的沙石多乡，这里是奶子沟八十里彩林区精品景点——"落叶松林"中心区，如今已成为 "九寨—黄龙—大草原—冰山"旅游环线上一颗冉冉升起的明珠。

然而，在 2013 年以前，羊茸村还位于沙石多乡的高半山上。山高路远、交通不便，村民生产生活情况极为艰苦。更为严峻的是，沙石多乡雨量较大，村民住房常受山体滑坡地质灾害影响。为改善全村人居环境，增加群众收入，黑水县委、县政府在充分调研论证的基础上，决定对羊茸村进行整村搬迁。

"那个时候确实苦，从公路沿线到老村寨，爬坡上坎得要一个多小时。"羊茸党支部村书记苏拉告诉我们："2013 年，按照'政府引导、群众自主'的原则，采取'政府出一点，群众筹一点，社会帮一点'的方式，用于我们羊茸新村的修建。"

羊茸·哈德村位于八十里彩林的核心区，风景十分漂亮

羊茸村请来了阿坝州建筑设计院的专家，对房屋建设进行了总体统一规划设计。专家们设计了四种户型供村民选择：最大的占地160平方米，建筑面积400平方米；最小的占地面积90平方米，建筑面积260平方米。经过两年的持续努力，完成了房屋建设、风貌改造、河堤保坎、通车水泥桥等基础设施建设，同时全面完成羊茸生态民俗文化休闲旅游村的打造。

新村建好了，村民搬下来了，由农耕游牧生活到依靠发展旅游致富的转身，成了羊茸新村面临的最大问题。在此过程中，羊茸村村委会主任三郎俄木发挥了巨大的作用。

三郎俄木是羊茸村最早致富的一批人。18岁开始创业的他，在不断积累财富的同时也打开了眼界，被群众推选为四川省人大代表。自羊茸新村搬迁决定启动以来，三郎俄木为了让广大乡亲能安定生活、逐步致富，便挨家挨户做村民的思想工作，教育和引导村民利用本村资源优势，投身旅游业、发展旅游业。为解决村民资金，三郎俄木还以个人信用为羊茸村的39户人家担保，为每家每户争取到10万元的贷款。在黑水县委、县政府的大力支持下，如今的羊茸成了消夏避暑、康养养生的胜地。

调模式，单打独斗不如抱团前进

"红瓦屋面片石墙，雕花门窗小庭院"，这是黑水县藏式民居传统的修建方式，羊茸村在建

造的过程中，也保留了这种修建方式。随意走进一户人家，房子的门窗都是全木结构，藏式特色的雕花布满整个门窗，而墙体基本都是通过就地取材，垒石而居。每家房屋前面都有一个小庭院，院子里或是放着两三张木椅，或是种着绿油油的青菜，或是从山上移种的野花。这样的打造方式，把村寨绿化与发展庭院经济、旅游经济结合起来，既体现了本地农家庭院生活情趣，又升级美化了民居环境。

现在的羊茸村，40 余幢小别墅以排状分布，由"四纵三横"的道路隔离开来，看上去井然有序而又错落有致。道路两旁的路灯、篱笆，包括垃圾桶等，都将当地的民族文化元素融入进去。用羊皮包裹的转经筒、体现感恩之情的"饮水思源"等微景观在整个羊茸村内形成了一步一景、处处动人的风景。

羊茸村的旅游之所以能够有这么快的发展，除了有政府的支持、自然的馈赠，也离不开村民的努力。羊茸人明白，在旅游发展上，只有抱团前进，才能避免恶性竞争，达到共同致富的目的。2014 年，村"两委"通过到香港、西藏、九寨沟等地的实地考察学习，最终确立了"公司＋支部＋农户"的经营管理模式，成立了羊茸·哈德旅游服务有限责任公司，进行统一经营、统一管理、统一分配。

在羊茸村的旅游接待中心，我们感受到了规范化的服务方式。正在这里值班的羊茸·哈德服务公司经理泽朗初告诉我们："羊茸全村

羊茸·哈德村勤劳的藏族阿妈正进行传统手工编织（庄媛 摄）

村民都是以房屋、资金等入股，全都是公司的股东。按照统一经营管理的要求，我们对全村各户的服务功能进行了分类，主要分成住宿接待、餐饮接待和品茗休闲等。"

羊茸村开寨以来，村里的接待户逐年增多，旅游旺季，家家爆满。村团支部书记木尔甲说，仅彩林节一个多月的时间，村里面就接待了两万多名游客，收入了60多万元，参与接待游客的几户，分红分得最多的分了8万多元，最少的也分得了4万多元。

旅游发展带来的切实效益，让每一户村民都看在眼里，大家都利用"金九银十"的红叶季热情迎客，走上旅游致富路。

展笑脸，幸福羊茸喜迎四方游客

三郎卓玛20岁，在广元市读的中专，学的是餐饮专业。毕业之后，她就回到老家羊茸村做了一名服务员。"我的梦想是当导游。"三郎卓玛笑着对我们说，"但是现在家乡在发展旅游，我就下定决心回来了，我在学校学习到的专业知识正好可以用上！"

与三郎卓玛一样，羊茸村民德拉初也在公司里面工作，曾经学习护理学的她现在已转行做起了前台接待，和城市里的上班族一样，每个月拿着固定的月薪，过着平淡而幸福的生活。除此之外，德拉初家的家庭客栈可以收入到6万元左右，谈到这个，德拉初脸上也是笑靥如花："守着房子就可以挣钱，这样的生活比以往好太多了。"

类似三郎卓玛的笑容，在羊茸村随处可见，无论是村幼儿园里咿呀学语的幼儿，还是坐在路

新建的藏式民居大气、漂亮

统一规划设计的羊茸村，用两年时间完成了生态民俗文化休闲旅游村的打造

边晒太阳的耄耋老人，都在分享羊茸村旅游发展的成果。

　　在大力推进全域旅游的当下，像羊茸村这种依靠旅游发展致富的村落，正在川西高原如雨后春笋般兴起。生活在这里的藏族同胞们，正依靠得天独厚的自然资源，走上"住上好房子、过上好日子、拥有好身子，物质富裕、精神富足"的"三好两富"幸福生活！

　　离开羊茸村的时候，忍不住再三回望这个美丽的村庄。再过一个月，这里将被绚丽的彩林围绕，村庄的旅游业还会大步攀升。旅游，让"羊茸·哈德"，这个意为"神仙居住之地"的美丽村庄，愈加实至名归！

（未署名图片由黑水县委宣传部提供）